スピリチュアル・エキスパートによる

文部科学大臣の検証

「大学設置審査」

上

里村英一
綾織次郎 編

まえがき

「幸福の科学大学は、幸福の科学の信仰と教えをベースに幅広く人間の幸福について探究し、地球新文明の創造に挑戦する真のエリートを輩出することをめざしています」

こうした建学の精神のもと、二〇一五年四月の新設を申請していた幸福の科学大学に対して、文部科学省の大学設置・学校法人審議会は「不認可」とするよう下村博文文部科学大臣に答申、これを受けて十月三十一日、同文科相は「開設を認めない」ことを会見で明らかにした。

不認可理由は、同大学がベースにする幸福の科学の教義にある「霊言」は、「科学的根拠を持って一般化・普遍化されているとはいえず、学問の要件を満たしているとは認められない」というものであり、答申ではさらに、審議会委員に幸福の科学グループの創始者である大川隆法総裁の著作物が送付されるなど、「認可の強要を意図すると思われるような不適切な行為が行われた」と報告、下村文科相は「認可の可否の判断にあたって心的圧力をかけるような不正行為があった」と会見で説明した。

しかし、霊言という宗教行為の当否を文科省が判断することは、「信教の自由」に対する重大な侵害であり、政教分離違反である。加えて著作の出版、およびその頒布を批判するのは「表現や言論、出版の自由」を侵害するものであり、それら著作物を「心的圧力」などと表現するに至っては、産経新聞の前ソウル支局長を起訴した韓国の朴クネ大統領と同様の独裁者的心理であると言わねばならない。

そもそもキリスト教系の大学は、イエスの奇跡や復活を「科学的根拠」をもって証明したから設立が認可されたとでもいうのだろうか。

何ゆえにこんな憲法違反の、宗教をバカにした結論を下村文科相は出したのか。審議会という「隠れ蓑」で詳細が明かされない以上、霊言という宗教ジャーナリズム的手法で迫るしかないと考えて真相を究明したのが本書である。しかも、今回は「科学的実証精神」に基づいて、下村文科相の守護霊を六人のスピリチュアル・エキスパート（いわゆるチャネラーにあたる）に降ろして、その個性や考え方に統一性が見られるかどうかという史上初の試みを行った。そのため、上下二冊という大著になったが、その結果明らかになったのは、公より私、教育より政治を優先する「政治屋」の保身と打算、野望であった。

しかし、その醜い大人の判断のせいで、どれだけ多くの進学を夢見ていた若者と家族たちの涙が流されたことか。

「学問の自由」を踏みにじり、憲法を無視する恐るべき国家社会主義が動きはじめていることを私たちは知らねばならない。

ぜひ、本書を手に取り、読者諸兄にご一読を願う次第である。

二〇一四年十月三十一日

幸福《こうふく》の科学《かがく》専務理事《せんむりじ》　広報担当《こうほうたんとう》　里村英一《さとむらえいいち》

スピリチュアル・エキスパートによる
文部科学大臣の「大学設置審査」検証（上）

目次

スピリチュアル・エキスパートによる文部科学大臣の「大学設置審査」検証(上)

二〇一四年十月三十一日　収録
東京都・幸福の科学総合本部にて

下村博文《しもむらはくぶん》（一九五四〜）

政治家。群馬県出身。第二次安倍内閣において、文部科学大臣、教育再生担当大臣、東京オリンピック・パラリンピック担当大臣を務める。早稲田大学教育学部卒業。在学中、小学生対象の学習塾を開設し、十年ほど経営。自由民主党所属の衆議院議員（6期）、文部科学大臣。内閣官房副長官、文部科学大臣政務官、法務大臣政務官などを歴任。自由民主党では副幹事長、国会対策副委員長、広報局次長、新聞局次長、議院運営委員会理事などを歴任。あしなが育英会の元副会長。

導師・審神者《さにわ》

大川隆法《おおかわりゅうほう》（幸福の科学グループ創始者 兼 総裁）

スピリチュアル・エキスパート　※●は上巻での登壇者

●宇田《うだ》典弘《のりひろ》（幸福の科学大学開学推進担当常務理事）

●栗崎《くりさき》愛子《あいこ》（幸福の科学常務理事 兼 国際本部副本部長）

●イシス真理子《まりこ》（幸福の科学副理事長 兼 国際本部担当）

鶴川《つるかわ》晃久《あきひさ》（幸福の科学専務理事 兼 エル・カンターレ信仰伝道局長）

磯野《いその》将之《まさゆき》（幸福の科学理事 兼 宗務本部海外伝道推進室長 兼 第一秘書局担当局長）

竹内《たけうち》久顕《ひさあき》（幸福の科学宗務本部第二秘書局局長代理）

質問者　※質問順

綾織《あやおり》次郎《じろう》（幸福の科学上級理事 兼「ザ・リバティ」編集長）

里村《さとむら》英一《えいいち》（幸福の科学専務理事〔広報・マーケティング企画担当〕）

佐藤《さとう》悠人《ゆうじん》（幸福の科学広報局法務室室長　顧問弁護士）

武田《たけだ》亮《りょう》（幸福の科学副理事長 兼 宗務本部長）

［役職は収録時点のもの］

1 幸福の科学大学「不認可」の〝黒幕《くろまく》〟に訊《き》く

『大学設置審議会インサイド・レポート』に続き、「真相」を追及する

大川隆法　昨日（十月三十日）、今回の大学審議に関しまして、形式上、あるいは、実質上かもしれませんけれども、責任者である桜美林《おうびりん》大学の総長、佐藤東洋士《さとうとよし》さんの守護霊の霊言を伺《うかが》いました（『大学設置審議会インサイド・レポート――大学設置分科会会長スピリチュアル・インタビュー――』〔幸福の科学出版〕参照）。

ある程度、信仰もある方でしょうから、最後は、正直に話していたようには感じられました。また、そのニュアンス、言葉の端々《はしばし》から、「政治家のほうからの意向が、かなり働いていた」というようなことを感じました。

ただ、そう言っておられる以上、言いっ放《ぱな》しではよくないでしょう。そこで、政治

家のほうの意向が本当に働いたのかどうか、やはりカウンターとして調べてみる必要があると思います。

昨日、佐藤さんの守護霊は、「自分のほうが(下村氏と比べて)〝タヌキ〟より人間に近い」と言っていましたので、どちらが人間に近いか、また、〝タヌキ〟に近いかも調べてみる必要があるでしょう。ということで、上の責任者としては下村文部科学大臣ということになります。

なお、私は、この人の霊言を、すでに二冊ほど出しています(『文部科学大臣・下村博文守護霊インタビュー』『文部科学大臣・下村博文守護霊インタビュー②』〔ともに幸福の科学出版〕参照)。今、読み返してみれば、基本的に、守護霊の言っていたとおりで最終的な判断は出ていたようには思います。そういう意味では、言っていたことには間違いがなかったのではないでしょうか。

ただ、大学認可の許認可権を持っている人の守護霊の霊言など、まさか出すとは思っていなかったようなところはありました。「そんなものは握り潰《つぶ》せるんだから」ということで、「まさか出すまい」と思って油断していたせいか、やや品性を欠く言葉が多かったようには感じられます。おそらく、公表されないと思っていたのでしょう。公表されると思っていれば、もう少し言葉に用心した可能性は高いとは思いますが、言っていた内容は、「かなり本心に近かったのではないか」と、今は考えています。

「霊言」を複数の霊能者によって「科学的実証」をしたい

そういうことで、今日も、下村さん（守護霊）のところを調べようとは思うのですが、ただ、私のほうにも考えがあるのです。

過去二回、まさか出るとは思っていなかったのに守護霊霊言を出されたということで、言葉的にやや品性を欠く、言い換《か》えれば、下品な言葉も多かったわけです。そこで、「文部科学大臣の守護霊としては、ちょっと相応《ふさわ》しくない」と地上の本人が思いたくなるのは、分からないことはありません。これから道徳の教科書をつくって、国民に道徳教育をしようとされている方、（学校の）先生がたにそれを教えさせようとしている方としては、実にまずい、具合の悪い霊言であろうと思います。向こうのほうとしては、「逆恨《さかうら》み」という言葉を使いたくはないものの、「大川隆法の個人的な主観による怨恨《えんこん》で貶《おとし》めたのではないか」と考える節《ふし》があってもおかしくないというようにも感じられます。

答申の判断の内容などを見ましても、「一人の人（大川隆法）が行う霊言を学問の基礎に使うのはおかしい。科学的根拠を欠く」というような言い方をしていますので、私には、そのあたりに大臣のお考えが入っているように感じられてなりません。

というのも、彼が関心を持っている、寛容度の高いと思われる「真光《まひかり》」という宗教においては、「組み手《くみて》」といって、お互いに対面で正座し、「これさえつければ霊能者になれる」ということで、「御み霊《おみたま》」というペンダントのようなものをぶら下げ、「高天原《たかまがはら》になりませる〇〇〇〇」などと言って祝詞《のりと》のようなものを読みます。そして、手をかざすと、相手がグワーッと動き出したりして、霊動《れいどう》現象のようなものが起きます。次に、相手のほうが手をかざすと、こちらも同じように動くのです。

そのような「組み手」というものがあって、道場に複数の霊能者らしき、〝もどき〟のような方が登場して、やっているようなのです。

これは、私たちの理論から見ると、やや問題のある現象ではあります。誰もが、イエスのような奇跡を起こせるなどということはありえません。あるいは、「みなが霊《れい》障《しょう》者で、霊現象が起きている」ということはありえますけれども、一般には、そうという修行して、心の透明度が高くならないと、高級霊界からの波長《はちょう》とは同通《どうつう》しないと考えられます。

ただ、霊体質になった方には、地獄霊や、地上に徘徊《はいかい》しているような霊であれば、いろいろと入るでしょう。一般に、イタコなど、霊能者を職業としているような人には、そういうことが多いのではないかと思います。

いずれにせよ、下村氏の頭のなかには、「真光」という宗教が一つあるので、「複数の人が霊言などをできるのが科学的宗教だ」と考えている可能性があるのです。「一人だけでやるのではなく、複数でできなければ科学性がない。真光では、交替してやっても、いろいろな霊現象が起きるし、誰でも霊能者になれる。これが、まさしく科学的実証がなされているということで、科学的宗教なのだ」と、もしかしたら考えているのかもしれません。

われわれは、「『波長同通《はちょうどうつう》の原則』があるので、何もかもが、そのようにはならない」と考えていますし、特に高級霊になると、降《お》ろすにはそれなりの修行が要《い》るだろうと思います。

なお、当会にも、霊が降ろせる方は複数います。もちろん、いろいろな方がさまざまなことを言うと、教義が混乱しますので、一般的にはあまり発表はしていません。ただ、私以外にも霊言ができる方はいるのです。おそらく、十人ぐらいはいるのではないでしょうか。

今日は、下村さんの雪辱《せつじょく》戦になるかどうか分かりませんけれども、過去の二冊の霊言は、私が汚い関西弁というか、四国なまりの関西弁を使ったために、品のない霊言になったのかもしれませんので、それ以外の方々として、男性も女性も入れて、あるいは、国際派も入れての霊言をやってみます。

人格としての統一性があるかどうか、あるいは、主張の傾向性が一致しているかどうか、同一性が保てるかどうか。このあたりについて、六人ぐらいでやってみれば、ある程度客観性もあるし、繰り返し実験ができるので、科学的な面もあろうかと思います。個人的にやっていると思われているのであれば不本意ですので、他の方でもやってみるということです。

私は、今日は霊言をしないで、「導師《どうし》 兼 審神者《さにわ》」ということで、いちおう、現象全体についてウオッチしたいと思います。

下村氏守護霊を招霊《しょうれい》し、一人目のスピリチュアル・エキスパートに入れる

大川隆法　大悟館《たいごかん》を出てくる前から、下村さんの守護霊がもうビンビンに来ています。「守護霊」というか「生霊《いきりょう》」と言うべきかもしれませんが、もうビンビンに来ておられます。プールに潜《もぐ》ったときに水圧で耳のあたりがギュンギュンに締まるように締め

てくるので、私が締められる前に、スピリチュアル・エキスパート六人ぐらいに分散し、順番に入れていけば、向こうもくたびれるでしょうから、(スピリチュアル・エキスパートには)ぜひやっていただきたいと思います。

大した作法は要らないと思います。「文部科学大臣の守護霊が入るような人はそんなにいるわけがない」と考えられるかもしれませんが、残念ながら、そもそもの私の判定では、ある程度の霊能者であれば、どこにでも入るぐらいの方ではないかと思いますので、特別な精神統一はそれほど要らないでしょう(会場笑)。

行きがかりの霊を入れるぐらいの精神統一で十分に入るのではないかと思いますし、向こうからの不満もかなりあるようなので、言いたいことをウワァッと言ってくると思います。

自分の立場を合理化したり、自分がターゲットにされていることへの不満や、「いかに自分の判断が正しかったか」ということを言ったり、昨日の佐藤東洋士氏の守護霊意見を引っ繰り返し、「あっちが〝タヌキ〟だ」というような言い方をしたりするかもしれません。

ただ、当会のほうは、一日違いで、もう少しで「下村さんや安倍政権の〝提灯持ち《ちょうちん》〟をすることと引き換えで、認可が下りるかもしれない」というような取り引きをさせられてしまう寸前でしたので、下村氏の守護霊に対しては、やや要注意というか、そういう腹があって計算高い人という印象は持っています。

霊言では、霊人の基本的な傾向は出ると思いますが、スピリチュアル・エキスパートの悟性《ごせい》・理性・知性・感性、あるいは、その人が受けた教育や仕事、家庭環境等、さまざまなものも影響します。霊を受ける人の器に合わせて、多少、変化するところはあるのです。

今日はそのへんのことが見えるかもしれませんが、そうしたものを斟酌《しんしゃく》した上でも、「統一した個性」として、私が出している霊言と似たようなことをおっしゃるか、あるいは、全然違うことをおっしゃるか、です。

(下村氏の守護霊は)大学設置の認可・不認可の答申前日に、すごい猫なで声で、「〝いい話"を持ってきたので、応援してほしい」というような言い方をしてきて、まんまと乗せられる寸前でありましたので、今回は、少々要注意ではありますが、そのへんは収録をしているうちに出てくると思います。

それぞれに個性があるので、違う言い方をするところもあるかもしれませんが、試してみたいと思います。では、よろしくお願いします。

里村　はい、お願いします。

大川隆法　それでは行きましょう。簡単な精神統一で大丈夫だと思います（笑）。すでに来ているので大丈夫です。（宇田《うだ》に向けて）軽く心の調和だけしてください。

はい、それでは、すでに来ておられると思いますが、下村博文文部科学大臣の守護霊よ。どうか、目の前のスピリチュアル・エキスパートの宇田さんに入って、今回の件についてのご意見、ご感想等をお述べくださいますよう、お願い申し上げます。

はい、どうぞ。

（約十秒間の沈黙）

2 「霊言は学問ではない」と主張する下村氏守護霊

開口一番「今日は総裁じゃないのか?」と言う下村氏守護霊

下村博文守護霊　今日は総裁じゃないんだ。総裁じゃないのか? この者（宇田）でいいのか? 俺の話がそんなに伝わらんぞ、総裁じゃないと。

里村　「スピリチュアル・エキスパート」の方ですから、十分でございます。

下村博文守護霊　あんたたちは、誰なんだ。

綾織　私は、「ザ・リバティ」の編集長をさせていただいている綾織といいます。

下村博文守護霊　うん? 編集長? っていうことは、これは公開されるのか。

綾織　下品な言葉でなければ公開してもいいと思います。

下村博文守護霊　あなたたち、この間もそうなんだ。最初になくて、いきなり録《と》って、いきなり公開かよ（『文部科学大臣・下村博文守護霊インタビュー』『文部科学大臣・下村博文守護霊インタビュー②』参照）。

綾織　いいえ、いきなり録ったのではなく、あなたのほうが勝手に来られたのです。

下村博文守護霊　私が誰か分かってるのか。私は、文部科学省のトップなんだぞ。行政のトップなんだ。

綾織　はい、存じ上げています。

下村博文守護霊　その人間を、これから大学の許認可権を持ってるような人間のものを、勝手に出版していいと思うか。誰が許可を取ったんだ、そんなことを。

綾織　いえいえ、これは宗教としての秘儀《ひぎ》ですし。

下村博文守護霊　あれで、どれだけ私たちは名誉毀損《めいよきそん》されたか分かってるのかよ。

綾織　それはご自身の発言ですので、ある意味、自業自得《じごうじとく》だと思います。

下村博文守護霊　おかげで、出す予定のなかった自分の自叙伝《じじょ》まで出したでしょうが(会場笑)。

里村　出す予定がなかったわけですね。

下村博文守護霊　なかったよ。なかった。あんなもの出さなくとも、みんな、「あんな苦学《くがく》して、文部科学大臣まで上り詰めた下村先生は素晴らしい」って、もう、全国から、いろいろお願いされてるんだ。

綾織　すごく唐突《とうとつ》で不自然な広告も出されている……。

下村博文守護霊　私は、「人格者兼教育者のトップだ」ということで、教育者から尊敬されてる立場なのに、あんなものを出したら、一発で終わっちゃうだろうが。

綾織　それを守らないといけない状態にあるわけですね。

佐藤東洋士《さとうとよし》氏守護霊霊言で「飼い犬に噛《か》まれた」と怒る

下村博文守護霊　とんでもないよ。さらに、昨日の佐藤東洋士《さとうとよし》（の守護霊霊言）は何だ。俺が飼ってる飼い犬に噛《か》まれるとは、このことだ。

綾織　飼っている……（笑）（会場笑）。

里村　飼い犬に……（笑）。

下村博文守護霊　なんで、私のせいにするんだよ。

綾織　いやいや、かなり正直に話されたかなと思うのですけれども。

下村博文守護霊　君ら、知らないだろうから、教えてあげるよ。

綾織　はい、お願いします。

下村博文守護霊　「大学の許認可」っていうのはな、文部科学大臣が審議会に諮問《しもん》するんだよ。ね？　「『俺に代わって、一回、審査してくれ』と投げて、その答申が返ってくる」というかたちなんだ。だから、責任はどこにあるか分かるか？

綾織　大臣が持たれていると……。

下村博文守護霊　違うよ。

綾織　あっ、違うんですか？

下村博文守護霊　俺は、投げてるだけで……。

綾織　投げてるだけ（笑）。

下村博文守護霊　具体的なな、おたくらが言ってる、いろいろな学問があるでしょう？　私は、いちおう、早稲田《わせだ》の教育学部出てるけども、細かいことはよく分からんのよ、さすがに。それは行政のトップだから、そこまで知らなくていいだろう？　それを各学者に、専門家としての意見を集めるのが、諮問してるわけだ。

であれば、「そこから来た答え」というのは、「基本的には正解だろう。専門家が、そう言ってるんだろう」と。

里村　であれば、専門家のその議論は、すべて公開されていないといけませんね。

下村博文守護霊　うん？　公開する必要はないでしょう。

里村　なぜですか？

下村博文守護霊　だって、もう、あんな「専門家の意見」っていうのは分からないんだ、私みたいな〝セミ専門家〟じゃないと。

里村　えっ？　〝セミ専門家〟？

下村博文守護霊　そう。その専門家の意見が分かるレベルの知性とか、行政としてのトップの責任感とか、そういうものがあった人間が、やっぱり判断するんであって、これは裁判のように公開するもんではないんだよ。

「霊言を誰がやっても同じになるのが科学的実証」と主張

綾織　少しお伺《うかが》いしたいのですけれども、今回の答申を見ると、今まで、審議会で議論されたものを、ある意味で、まったく無視したような内容になっています。もう、霊言のみで、「霊言には科学的な合理性がない」という一点だけで、「不可」という結論を出した……。

下村博文守護霊　そう。「霊言は学問じゃない」というのは、最初に、三月か？　おたくらが出してきたものを私も見たよ。そのときに、私が知ってる以上ね、その宗教的な知性・経験に照らし合わせて、「これを一人がやってる」ってことは、「それは学問じゃない」っていうのを……。

綾織　「一人」ということが問題ですか。

下村博文守護霊　それは、だって、「科学的な検証ができない」っていうことでしょう?

綾織　はい。

下村博文守護霊　そのぐらい、俺だって分かりますよ。

綾織　では、複数であれば科学的?

下村博文守護霊　複数でできて、ある程度、実証がされれば、まあ、「科学」ってのは、やっぱり、「万人《ばんにん》が同じ結果を出さないといけない」ということなんじゃないの。

綾織　万人かどうかは、やや疑問ですよね。万人かどうかは……。

下村博文守護霊　それが、「一般性」とか、「普遍性」とか、あの言葉どおりですよ。

綾織　では、複数で、ある程度、普遍性が……。

下村博文守護霊　そう。「ちゃんと、誰がやっても、だいたい同じような結果が出るんじゃないの」っていうことが、まあ、基本的な実証になるわけだよ。

綾織　であるならば、今日、複数のスピリチュアル・エキスパートを通じて、下村さんの守護霊さんの霊言を、言葉を発していただきますので……。

下村博文守護霊　いや、それが間違ってるの。「私を題材にする」ってこと自体が失礼なのよ。

綾織　（笑）（会場笑）それは、また別の問題で……。

下村博文守護霊　あなたね、私を誰だと思ってるのよ。あなたみたいな、ぺーぺーの新聞記者が会える立場の人間じゃないのよ（注。綾織は、元産経《さんけい》新聞記者）。

綾織　いえいえ、別に普通に取材していました。

里村　いやいや、大臣、こういう機会は、またとない機会だと思うのです。またとない機会ですから、自ら科学的実証精神を発揮されて、このように、自ら俎上《そじょう》に上がられる。たいへん立派でして……。

下村博文守護霊　あなた、口が大きいねえ。

里村　いや、いや、いや（会場笑）。御自《おんみずか》らですね……。

下村博文守護霊　そういうのを「ビッグマウス」って言うんだよ。

里村　いや、いや、いや（笑）。御自ら来られています。

3 「幸福の科学を政権安定に利用しようとした」

「大学設置分科会会長が裏切った」と語る下村氏守護霊

佐藤　先ほどおっしゃったのは、「諮問《しもん》しているのだから、自分の考えではない」ということでしたが、今、お話しになっていることは、昨日のペーパー（答申）に書いてあるお話、そのままではありませんか？

下村博文守護霊　うん？

佐藤　つまり、「あなたのお考えが書いてあるペーパーだったのではないか」というように、今、聞こえましたけれども。

下村博文守護霊　いやいや。

佐藤　いかがですか?

下村博文守護霊　そ、それは……、答申を受けて、最後に、「これで、よし」と言って、確かに、最後には判子《はんこ》を押すんだから、この私が。だから、見たよ、見たよ、もちろん私は。

佐藤　うん。しかし、あなたの考え、そのままではありませんか。

下村博文守護霊　何が。

綾織　佐藤東洋士《さとうとよし》さんの守護霊さんは、「私の考えではない」というようにおっしゃっていましたね。

下村博文守護霊　ん？　何言ってるのよ。それは、諮問して、審議会を開いて、分科会がいろいろあって、細かいのがあるんだよ。その統合した文書が凝縮《ぎょうしゅく》されたのが、〝あれ〟であって、「これで大臣よろしいでしょうか。私たち専門家の意見は、こうです」と、「うん、分かった」ということで、私としては、その程度だけだよ。

綾織　昨日の佐藤さんの守護霊のお話は、まったく逆で、「あなたから、そうした指示らしきものが、やはりあったんだ」ということを、ほのめかしていましたよ。

下村博文守護霊　いや、昨日、なんか、「あいつが裏切った」という情報が来て……。

綾織　はい。裏切って来たわけですね（笑）（会場笑）。

下村博文守護霊　もう、それで、今日は、昨日の夜から、実は総裁のところに来て、直《じき》訴《そ》してたわけよ。

「ちょっと、これ、撤回《てっかい》しろ」と、「昨日の（佐藤東洋士守護霊の）話は」と。

里村　だから、自ら来られているわけですよね。

下村博文守護霊　それは、私が直接言わないと。その件についてはね、確かに、「佐藤東洋士の任命権は誰か」って言ったら、それは私だよ。

里村　はい。

下村博文守護霊　あんなのを雇《やと》った責任は取ります。それは取ります。

里村　あんなの……。

下村博文守護霊　うん。（責任は）取るけど、あいつには、ここまでよくしてやったのに……。

綾織　よくして?

下村博文守護霊　ああ、いやいや（会場笑）。それで、なんで、ドタキャンじゃないけど、土壇場《どたんば》で裏切るわけ?

綾織　ああ、裏切ったわけですね。本当のことを話してしまわれたわけですね。

下村博文守護霊　ああ、そう。

佐藤　審議会の仕組みについては、あなたの一冊目の霊言で、「あれは隠れ蓑《みの》だ」という趣旨のことを、自分でおっしゃっているでしょう?（『文部科学大臣・下村博文守護霊インタビュー』参照）

下村博文守護霊　うん？　隠れ蓑？

佐藤　ええ。「大臣が決めるんだ」という趣旨のことは、一冊目の霊言のなかで言っておられます。

下村博文守護霊　あ、もちろん、最後は大臣が決めますよ。私が決めますよ。

佐藤　いや、最後ではなくて、「中身についても」という趣旨のことを、あなたはおっしゃっているでしょう？

下村博文守護霊　中身というか、「基本的な細かいところは、全部、審議会に投げて、専門家である彼らの意見を集約し、最後に私が決める」という趣旨だ。

里村　細かいところはそうかもしれませんが、では、細かくないところ、大筋の結論は、決められているわけですね。

下村博文守護霊　あんたたちは、今回の最後の文章（答申内容）は気にならないかもしれないけど、あなたたち大学の人間から聞いてみな？　要は、もっと細かい内容の、「いろんな学問の、この部分がおかしいんじゃないか」っていうことについて、細かく意見は出してるよ。だろ？

「おたくらのおかげで朝日新聞が炎上した」

綾織　ただ、それに対しては、これまで半年ぐらいかけて、お答えをしてきたわけですよね。

下村博文守護霊　いや、それはね、まあ、審議会も言ってたけど、途中経過報告は、実はあったよ。あったけど、それについてはな、「弟子が全然答えられないから、総裁が答えられてきて、それがすごいです」っていう話を、私は聞いた。

綾織　ええ。

下村博文守護霊　だから、「総裁一人がすごい」っていうのは、前から知ってたよ。知ってたし、安倍《あべ》政権ないし、私個人を、ずっと支えるつもりという意味であったんですよ。だったら、「最後まで利用しよう」じゃないけど、もう一回……。

綾織　利用？　利用しよう？　なるほど。

下村博文守護霊　いやいやいや。あの、今、ちょっと、沖縄選（県知事選挙）が危ないから、もう一発、右よりの意見を出してもらって……。

里村　利用しようと？

下村博文守護霊　そうすれば、「安倍政権の意見は中道《ちゅうどう》だ」ということになる。おたくらのおかげで朝日（新聞）が炎上したことで、今、政権が、「右に寄りすぎている」ということで反作用を受けてるわけだ。

綾織　ものすごく右の意見をこちらから出させて、「（安倍政権は）真ん中だ」というように見せたいわけですか。

下村博文守護霊　安倍政権は、もともと「中道政権」なんです。

綾織　中道政権？

下村博文守護霊　それが、集団的自衛権のあたりから、「右だ、右だ」と言われて、そういう厳しい状況のときに、ちょうどいいタイミングで朝日が炎上したと。

綾織　はい。

下村博文守護霊　慰安婦《いあんふ》問題か？　歴史認識で？　それで、「これで、ちょうどいいな」と思ったら、また、「政治とカネ」の問題が来て、総理も非常にご心労なんだよ。分かるか？

綾織　それは、そうだと思います。

下村博文守護霊　「『政権を安定させる』ということが『国の安定』」っていう、このいちばん大事なことが……。まあ、あんたたちみたいな〝ミニコミ〟には分からないだろうけど、それがいちばん大事なんだよ。国の中枢《ちゅうすう》にいる人間として。分かるか。

「安倍総理にオリンピックまでやっていただき、次は私の出番」

下村博文守護霊　今言ったようにね、要は、私は、文部科学大臣で収まる器じゃないんだよ。

綾織　ああ、そうですか。そうですか。

下村博文守護霊　次は幹事長、そして、もう一回、どっかの大臣をやって、そして、「総理へ」という声が、もう、たくさん、全国から……。

綾織　総理ですか。

下村博文守護霊　「下村博文大臣を、ぜひ総理に」というのは、今……。これ、霊言（本）になるのか。

里村　はい。

下村博文守護霊　今、これを、安倍総理に言ってもらったらまずいんだけども、将来的にね。

綾織　はあ。

下村博文守護霊　まあ、できたら、安倍総理には、オリンピック（二〇二〇年）までやっていただき、その次ぐらいからが、私の出番かなあと。

綾織　ああ。そういうことですね。そのために、幸福の科学も含め、いろいろなものを利用していきたいと。

下村博文守護霊　「利用する」って、あんた、本当に言葉が悪いですね。

里村　いや、あなたが使ったんです（会場笑）。

下村博文守護霊　うん？

里村　あなたが使った言葉です。大臣が使った言葉です。

「総理になったら何をしたいか」を語れない下村氏守護霊

下村博文守護霊　いや、せっかく、この（霊言の）本が出るんだったら、「私がいかに総理に相応《ふさわ》しいか」っていう話をしたいわけよ。

綾織　それは聞かせてほしいですね。

下村博文守護霊　じゃあ、質問してみろ。

綾織　では、総理になったら、何をされますか。

下村博文守護霊　うん？　何？

綾織　何をされますか。何が、あなたのやりたい政治なのですか。

下村博文守護霊　それは、やっぱり……、あれだねえ。まあ、まあ……、一つは、うーん。

綾織　あまり出てこないですね（笑）（会場笑）。

下村博文守護霊　まあ、財務省のほうから、いろいろ言ってきてるけど、この財政難をだな、何とか切り抜けたいな。

里村　（苦笑）

綾織　そのためには、何をしますか。

下村博文守護霊　まあ、増税だろ。

里村　増税……（笑）。今、行われていることと同じではないですか（笑）。

下村博文守護霊　うん？

綾織　ほかの人でもしています。

里村　今までずっと、自民党政権で行われてきたことですね。

「もう一発、政治とカネの不祥事《ふしょうじ》が出たら、安倍政権は終わる」

下村博文守護霊　いや、今、ちょっと、安倍政権が揺らいできて、もう一回、増税できる路線を引いてたのに、それが、どうも怪《あや》しくなってきてる。だから、実は、八月、九月から、各省に対しては、予算の縮小について、かなり（財務省から）プレッシャーをかけられた。

綾織　はい。

下村博文守護霊　そこに、「政治とカネ」の問題が出た。「まず、政治家が身を正さなきゃいけなきゃいけない」と言われてる状態ね。
私も、今、慌《あわ》ててるわけだよ。私のような長い議員だったらね。そら、やましいことはないよ？　だけど、一般に出たら、ちょっと理解に苦しむっていうか、説明しなきゃいけないような、まあ、小渕《おぶち》（優子《ゆうこ》）みたいな、ああいう、ポッと出のね……、ただの二世、三世議員じゃなくて、私のようにね、ほんとに、一から叩き上げの人間というのは、そりゃあ、いろいろあったわけよ。

里村　ええ。

下村博文守護霊　それを、いきなり、あの場でリークされたら、そらあ、さすがに言葉に詰まるよ。

だから、そうならないように、ちゃんと、内閣府から、八月、九月に、「各現職の大臣は、お金について、自分のことをきれいにしなさい」的な指令が来てるんだ。

里村　なるほど。

下村博文守護霊　だから、私以外の大臣に訊《き》いてみなさいよ。今、みんな、自己保身でいっぱいよ。

もう一発、「政治とカネ」の不祥事《ふしょうじ》を出したら、安倍政権は終わるからね。それが、いちばんの「悪《あく》」なわけよ。今の、この安倍政権を安定させることが、すべての第一優先順位なのよ。そこから、すべての判断が生まれると。

「財務省といかにうまくやるかが大事なんだ」

里村　そのためには、ある大学の申請を不可としてもいいと？　それが安定につながるのであれば……。

下村博文守護霊　それは、要は、かなり、財務省からも……、まあ、「麻生《あそう》副総理（の守護霊）が、おたくの大学に対してプラスなことを言った霊言」が出てたけど（『副総理・財務大臣　麻生太郎の守護霊インタビュー』〔幸福の科学出版刊〕参照）、あれは、〝あれ〟よ。官僚の意見ではないし……。

だから、要は、財務省の官僚の中枢から、基本的に、各省に対する予算の絞りが……。まあ、そりゃあ、増税ができないから、当然、予算を絞るしかないでしょう？

里村　うん。

下村博文守護霊　そういうかたちで来てるから、そりゃあ、(大学の設置の) 全部は認められないさ。

里村　そうすると、今回は、官僚の言いなりになって、「不認可」という方向をよしとしたということですか。

下村博文守護霊　違うよ。君は、政治が分かってないなあ。「財務省と、いかにうまくやるか」が、次のステップの大事なところなんだ。

綾織　財務省の意向を斟酌《しんしゃく》して、今、あなたが動かれたということですか。

下村博文守護霊　いや、斟酌って言ったら、向こうに主導権があるようじゃないか。

綾織　ただ、そういうように聞こえますけれども……（苦笑）。

下村博文守護霊　私の将来的な道筋を見た上で、財務省と、あんまり喧嘩《けんか》したらいけないなと……。

佐藤　今、あなたは、「そのために不認可にした」という筋でおっしゃっているのですね？

下村博文守護霊　そう、そう、そう……。ああ、いやいや、違う！

佐藤　そういうことですね？（会場笑）

「四十人学級」に反対しているのは、「仮の姿勢」？

下村博文守護霊　まあ、(財務省から)「四十人学級にしろ」っていうのが、実は、来てるのよね。

私は、あれには、いちおう、表面的には反対してるわけよ。これだけ、いじめとか、いろいろな問題があるし、ゆとりとかをやって、それを引っ繰り返そうとしてる、この道徳教育のトップの私が、「きめ細やかな教育をしたい。教育っていうのは、予算ではないんだ」という、この仮の姿勢を……、ああ、いや……、姿勢を示すためにやってるんだよ。

綾織　仮の姿勢？

下村博文守護霊　それを見て、「やっぱり、下村大臣は教育者の味方だ。一般の民衆の日本の教育を、もっとレベルアップしたいっていうことを、ほんとに考えていらっしゃるんだな」って……。これは、やっぱり、そういう象徴だと思って、あえて、反対してるんですよ。

里村　でも、昨日、佐藤東洋士さんの守護霊は、そうはおっしゃっていませんでした。

下村博文守護霊　まあ、それは、分からないから……。

里村　教育のことよりも、政治の成果のほう……。

下村博文守護霊　いや、彼は、本人も言ってたと思うけど、政治家的な素養があるわけよ。

里村　ほお。

下村博文守護霊　学者っていうのはね、専門家だけど融通《ゆうずう》が利《き》かないんだ。自分の学問分野に入ってきた途端《とたん》に、堅物《かたぶつ》になるっていう生き物なんですよ。

里村　そうすると、佐藤東洋士さんに関しては、融通を利かせやすいわけですね？（苦笑）

下村博文守護霊　ん？　いや、彼は、非常に政治家的で、「こういう背景だ。佐藤君、分かるか？」って言ったら、「うん、分かった」って……（会場笑）。

里村　分からせたわけですね（苦笑）。

下村博文守護霊　そういうように、「イエス」としか言わないし……。

里村　なるほど。

下村博文守護霊　しかも、そのとおりやってくれるから、非常に、使い勝手がいいやつだったんだよ。

里村　〝飼い犬〟ですねえ。

下村博文守護霊　一昨日まで。

里村　一昨日までは（苦笑）。

「あの霊言を出したら訴えるぞ」と強弁《きょうべん》する下村氏守護霊

下村博文守護霊　それで、昨日、あんなのが出て……。まさか、あの霊言は出さないだろうなあ？　ああん？

綾織　この時間だと、もう書店に本が並んでいる可能性がありますね。

里村　もう出ている時間になっていますねえ（笑）。

下村博文守護霊　何だよ、それ。うん？

里村　並んでいます。

下村博文守護霊　まあ、「表現の自由」があるから、信者のレベルに見せるのはいいけど、一般の書店に出したら訴えるぞ。

綾織　いえいえ。それも、「表現・出版の自由」です。

下村博文守護霊　うん？

綾織　書店に並ぶのも、「表現の自由」です。

里村　「出すと訴えるぞ」なんて、そんな、朴槿惠《パククネ》さんの守護霊のようなこと。

佐藤　この「訴える」というのは、どういう意味ですか。「裁判を起こす」という意味ですか。

下村博文守護霊　まあ、出版差し止めもあるよ。まあ、あいつ（佐藤東洋士氏）のはいいけど、とにかく、「私のは、出版の差し止めをしたい」ぐらいのことを、実は、省庁のなかで相談したぐらいだったんだよ。

綾織　うーん。

4　財務省と安倍《あべ》首相が「握った」？

「増税できないなら予算を削る」という財務省の圧力があった

里村　先ほどの話に戻りますけれども、やはり、「四十人学級」のほう、つまり、「三十五人学級は駄目《だめ》だ」といって、財務省から、文科省に照準《しょうじゅん》が合わせられたのが、やはり、こたえた？

下村博文守護霊　まあ、それは……。

里村　そして、恭順《きょうじゅん》の姿勢を示すためにも、すべての大学に認可を出すわけにはいかないと……。

下村博文守護霊　だから、もともと、安倍《あべ》政権っていうのは、安倍さんが、財務省をうまく握ってたんですよ。

要は、「もう一回、増税するから。安倍政権の『三本の矢』で、成長戦略を出しつつ、財政再建を両立させるから」ということで、財務省を説得してたところ、どうも、三本目の矢が出てこないから、財務省が焦《じ》れて、「総理、申し訳ないけど、増税ができないんだったら、絞りますよ」っていうことで、それを、安倍総理は呑《の》んだんですよ。それで、実は、各省庁の会議が内緒で開かれて、「その代わりに、各省庁の予算をそれぞれ絞るから、よろしく」ということなんだな。

それと前後して、ちょうど、その直後ぐらいに、内閣改造をやって、現職の目玉の人が、お金でやられちゃったもんだから、今、政権のなかは、ほんとに、もう大慌《おおあわ》てだよ。

「幸福の科学は使い勝手があるが、ここまでかな」と首相が判断した？

綾織　そこの部分で、その判断に、安倍総理などは、どういうかかわり具合なのでしょうか。

里村　今回の「不可」の決定に？

下村博文守護霊　いや、個別の大学がどうのこうのまでは、総理はおっしゃらないですよ。だから、「出るところは出て、引くところは引く」っていうか。「ヒット・アンド・アウェイで、必要なところと、必要でないところを細かく見るように」と。といっても出ることもないんだけどな。

基本的には「抑えるように」と来ているわけよ。「それは、みなさんに任せます」ということだな。

綾織　安倍総理は、幸福の科学大学について、それなりに気にはされていたと思うのですが、そのへんはどうでしょうか。

下村博文守護霊　まあ、最初は気にはされてたようかもしれないけど、実は、その件については、総理と話したことはないけど。

まあ、「おたくらが、最右翼の〝ウルトラ右翼〟として言論戦をやってくれたおかげで、国内で、南京大虐殺《ナンキンだいぎゃくさつ》とか、あるいは、従軍慰安婦《じゅうぐんいあんふ》の話がしやすくなった。集団的自衛権も含めて、話ができやすくなった。すごく使い勝手があるなあ。だけど、そこまでかな」っていう感じだよ。

だから、「もう十分。もういいよ」って。

「私と安倍総理は一心同体なんです」

里村　つまり、安倍首相得意の〝トカゲの尻尾切《しっぽぎ》り〟で、使えるうちは使って、使えなくなったら切ると？

下村博文守護霊　いやいや。安倍総理に対して、そんなヤクザの大将みたいな言い方をするのはやめてくださいよ。

里村　今、一生懸命に忠誠心を見せようとされていますが、下村大臣も危ないんじゃないですか。

大川隆法　そうそう。そろそろ危ないです。捨てられますね。

下村博文守護霊　私がですか。

大川隆法　はい。

下村博文守護霊　私がですか？

大川隆法　それはそうです。

下村博文守護霊　いや、私と安倍総理は一心同体なんです。

里村　なぜかと言うと、あなたは、道徳教育などで、かなり「右」のほうにグーッと向ける仕事をさせられています。安倍さんは、そういう自分がやりたい仕事をさせた人をあとで必ず切っていくのです。

下村博文守護霊　いや、安倍総理と私は……。甘利《あまり》さんと、私は別格なんですわ。

里村　そのように一生懸命思いたいんですよね？

下村博文守護霊　安倍総理は、もう二回やったから、「次は誰かに」って言った場合には、必ず私に声が掛かるっていう約束になってるんですから。

里村　しかし、そのわりにはオリンピックの担当も外《はず》されるなど、むしろ、徐々にいろんな足場が崩されてるんじゃないですか（十月二十八日、文部科学大臣が兼任している五輪《ごりん》担当相《しょう》を専任化し、閣僚を増員することが閣議決定された。

下村博文守護霊　いや、「今、教育行政のほうに専念してほしい」という話でやっているわけよ。

里村　要するに、だんだん影響力があまり出ない方向にされていると考えられるわけです。

下村博文守護霊　いや、それは、私が総理から受けた説明とは違うなあ。

里村　どういう説明ですか。

下村博文守護霊　要は、〝スポーツ大臣〟っていうのは、もうちょっとマッチョで、体育会系の議員がいっぱいいるわけよ。その人たちも何回も当選していて、「俺も大臣ならせろ」っていう直訴《じきそ》がけっこう来てる。安倍総理としても、閣内のことで揉《も》めている暇《ひま》がないのよ。

あのスケジュールを見た？　海外で外務大臣が仕事しないから、岸田（文雄）が仕事しないから、総理が直々に行って交渉してきただろ？　安倍総理は大きな派閥を持ってるわけではないから、そういった意味で、「俺も大臣にならせてくれ」っていう人が多いわけ。

だから、「兼務は外してマッチョのほうにやらせる。あんなのは〝頭〟がなくてもいいんだから。

ほんとの教育の中枢《ちゅうすう》は、下村君だから。あなたがやってくれ。専念してやってくれ。だから、『外す』って意味じゃないよ」と、ちゃんと説明を受けてんだ。

あなたの説明は間違ってる。

里村　いや（笑）、「非常にうまい説得だなあ」と、今、聴いていて思ったのですが。

下村博文守護霊　あなたが違う。私は、安倍総理とはいつでも会える、いちばんの側近なのよ。実は。だから、「嘘《うそ》を言ってる」とか、「政治的な言葉で騙《だま》される」とか、そういうことは、私と総理との間ではないです。

「不認可」決定の前に安倍首相と何を話したのか

里村　ただ、今回の答申で「不可」の決定が出る直前に、下村大臣は、首相官邸で総理と会われていますね？

下村博文守護霊　なんで、そんなことを知ってんの。

佐藤　新聞に出ていました。前日ですよね。

里村　前日です。文科行政とはまったく関係がない流れのなかで、急に入られていますよね。話はされました？

下村博文守護霊　うーん、「どこに絞るの」っていうのは訊《き》かれたねえ。

里村　そして？

下村博文守護霊　だから、医療系、福祉系を認めると、どうしても予算が足らなくて、財務省との関係で、どこかを落とさなきゃいけないから、「やむをえず、ここを落としました」っていう報告はしたよ。

綾織　安倍さんは、どういう反応ですか。

下村博文守護霊　「文部科学大臣のあなたがそう言うならしょうがないね」と。そういう感じかな。

里村　そのときに、なぜ、「幸福の科学大学なら落としてもいい」と言ったのですか。

下村博文守護霊　いや、それは、安倍総理が言ってるわけじゃないんだけど、要するに、今、おたくとは少し距離を取ろうとされてるわけだ。安倍総理がな。そのときに、〝ウルトラ右翼〟がなくなったら……。要するに、安倍政権の安倍総理のお考えは、けっこう、「右」に見えるわけです。そうすると、今、「左」側から、政治とカネのところで攻撃を受けてるわけだ。分かるか、この全体的な政治観というか。まあ、政治家としての全体観。おまえたちに分かんないだろうなあ。

里村　いや、さすがだと思います。

下村博文守護霊　おまえたちは、いつも、「かくあるべし」しか言わないから。そうじゃなくて、「どうしたら、この政権が生き延びるか」っていう、この全体観、このマネジメント、これがまだ分かんない。

綾織　ただ、幸福の科学と距離を置き、あるいは、そういう切り捨てで、政権はどういうかたちで安定するのですか。

下村博文守護霊　その際に、要は、福祉系とか、医療系っていうのは、地域の、左翼っていうか……、やっぱり、病気した人が、看護師がいないとか、医師がいないとかいうことで困ってるわけだ。だけど、「教育行政としては、地方の医療系、福祉系についてては、ちゃんと新設しましたよ」と。

綾織　うん、うん。

下村博文守護霊　「あっ、やっぱり文部科学省は分かってる」って。こうなって、左翼の方々が「弱者には優しい政権なんだ」と思うことになるじゃないですか。

「幸福の科学大学を認めたら、俺が完璧《かんぺき》に右になる」

綾織　では、朝日新聞寄りというか、そういう「左寄りの方向に舵《かじ》を切る」というふうに見せるのを、安倍政権としてやっていく……。

下村博文守護霊　いや、そうやって、そっち側の人たちに対しても、きちんと「優しい政治なんだ」ということを示さないと、やっぱり「右」に見えちゃうわけでしょう。「そんな人はどんどん切っていく」ってなったら、これは、もう完全に、次の選挙で負ける可能性が出てくるわけですよ。

綾織　今回の内閣改造で、政党のほうの人事でも、二階俊博《にかいとしひろ》さんが総務会長に入ったり、谷垣禎一《たにがきさだかず》さんが幹事長に入ったりとか、いわゆる、やや左寄りといわれるような人たちが入ってますよね。

下村博文守護霊　そう。

綾織　これで、全体として……。

下村博文守護霊　バランスを取ってるのよ。

綾織　ああ、なるほど。

下村博文守護霊　君には分からないけど、このバランス感、分かるか？　右も左も全部取りまとめてる、このバランス感が総理としての器であり、政権を安定させるものだ。

里村　私から見ると、結局、右のほうで残っているのは下村大臣だけになってきていて、極めて危ういバランスになってきているのではないかというふうに見えるのです。

下村博文守護霊　そんなことないだろう。いや、それこそ幸福の科学大学を認めたら、俺が完璧に右になるじゃないか。

財務省から予算の縛りが来て、やむをえず優先順位をつけた

佐藤　今のお話をまとめると、幸福の科学大学を認めなかったのは、「今の大きなバランス感のなかで、あなたが決めた」ということですか。

下村博文守護霊　いや、いや、いや、いや、いや、いや。

綾織　それならば、どういう人から示唆《しさ》があったのですか。

下村博文守護霊　全体的な流れでは……、だから、「政治とカネ」で、まさか、メルクマール（指標）としていた、今回の第二次内閣改造のときに目玉にしてた女性の閣

僚がお金でいきなり引っ繰り返され、ちょうど軌《き》を一《いつ》にして財務省からの予算が縛りが来て、その全体観のなかで、やむをえず優先順位をつけていったっていうのが、本音だな。

綾織　それは、どういう人たちで話し合われたものなのですか。安倍さん、あるいは……。

下村博文守護霊　まあ、それは私と財務省との間で、要は、「この新設大学については、出されたものを全部認めてます」みたいなことを、実績を積み重ねすぎてると、「やっぱり予算感覚がない」とか、そうやって財務省から睨《にら》まれるわけよ。

綾織　この全体観、バランスの話をあなたご自身、一人で判断できるようには思えないところがありまして、やはり、安倍さん周辺とか、自民党のなかとか、ある程度の何か方向性が出てきているという感じはするのです。

下村博文守護霊　まあ、それは官房長官とか、内閣府とか、本人じゃないけど秘書を通じて、「今、こういうふうな方向です」っていうのは来てるから。「その範囲内で」っていうことで、いちおう来てるよ。

綾織　官房長官？

下村博文守護霊　まあ、総理本人はそんな細かいことをおっしゃらないからね。「予算については、お金については十分気をつけるように」ということね。

まあ、それから、うちの省はないけど、国土交通省なんか危ないと思うけど、やっぱり要は、いろいろな利権が絡《から》むじゃないですか。「そういうところの賄賂《わいろ》とか、増収賄的なところで引っ掛からないように」と、もう通達が出てるわけよ。各現職大臣についてはね。いや、もう、政務官クラスまで出てるのよ。

今、本当に縛りがかかりすぎちゃったわけよ。だから、余計なものは、もうお金は使わない、余計なことはしない。ちょっとあれだけど、あまり思い切ったことはしないように、ちょっと大人しくするっていうか……。

里村　では、幸福の科学大学は余計なものですか。

下村博文守護霊　いや、いや、いや。それは……。

里村　余計なことですか。

下村博文守護霊　（私は）幸福の科学の信者だっていうことが、いちおう言われてるわけでしょ？　そうすると、「なんか、その癒着《ゆちゃく》で、信者だから建てたんじゃないの？」って、その宗教色もよくないわけよ。

里村　そうすると、マスコミ向けのスタンスの問題ですか。

下村博文守護霊　うーん、だから、おたく（幸福の科学）がマスコミの雄《ゆう》であったところの朝日をぶっ倒しちゃったでしょ。

里村　そこは認めてらっしゃるのですか。

福祉や医療系の大学を認めたほうが、「票になる」

下村博文守護霊　いや、それはやっぱり政界においても衝撃だったわけよ。それで、「これをチャンスに」っていうことでガンガンやり込めようとしているところで、あなたたちは利用価値あっ……。ああ、ごめん。

……あったんだけど、「それと大学とは、どうも利害関係があるんじゃないの」みたいな感じで、いきなりすんなり認めちゃうと、ちょっと、「間《あいだ》に何かあるんですか」っていう……。

里村　しかし、それこそまさに、専門家によってきちんと検討した結果、「問題ない」ということでよろしいのではないですか。

下村博文守護霊　いやいや、検討したら、問題あったんだ。

里村　いや、問題があったことにして、その問題のあったというのが霊言だと？

下村博文守護霊　総裁の教えは教義であり、やっぱりその、あの……。

佐藤　いやいや、それはあなたがおっしゃっていることであって、補正申請の段階では、そういう議論になっていないはずですよ。

下村博文守護霊　いやあ、補正のときには、確か……。

佐藤　二回目の審査意見が出て、それで補正申請をしたときの議論は、今回の審議会の答申に全然反映していないではありませんか。

下村博文守護霊　審議会のほうは、「とにかくドクトリンは駄目。ディシプリンにしなさい」って、たぶん、ずっとそういった……。

佐藤　今回、そんなことが書いてありますか。

下村博文守護霊　いや、そんなこと言っても、あなたたちがまた、うるさく細かいことを言ってくるから、結局、ここでは……。

綾織　それは、そのやり取りをして、そうするわけですから。

佐藤　専門家がやり取りすればいいのに、なぜあなたの考えが書いてあるのですか。

下村博文守護霊　「あなたの考え」っていうか、あれは審議会からの意見ですよ。

大川隆法　しかし、うちから大学の申請をお願い申し上げたときには、すでに去年以前からも霊言集は出ていまして、霊言集を出している宗教団体の教祖が、大学の創立者であるということはご承知の上だったはずです。

そのうえで、「建物を建ててもよろしい」という内諾《ないだく》を得て、うちは清水建設に発注し、お金を使って建物はほぼ建ち上がっておりますし、教室や寄宿舎《きしゅくしゃ》もつくり、教員もたくさん雇っています。

しかし、そのあとで、「霊言を出しているから、科学性がない。学問性がないから駄目だ」というのは、やはり、「信義誠実《しんぎせいじつ》の原則」に反するのではないでしょうか。こんなことは、一般社会では通用しないのではありませんか。こういうことを、一般には「騙《だま》した」というのではないですか。

下村博文守護霊　総裁はそうおっしゃいますけど、まあ、この制度をよく見ていただくと分かるとおり、先に、そのハードっていうか、お金を集めて投資しなきゃいけない制度ですよね。あとからソフトの認可が来る、ね？

大川隆法　だから、「判断はほとんどない」ということなんですよ。形式が揃《そろ》っていれば通さなければいけないものでしょう。実質判断をしてはいけないということです。

下村博文守護霊　いや、あの、そういうふうにおっしゃいますけども、やっぱり、制度を見ていただけると、これは基本的に、「国としては、新規参入、新設大学を認める方向はない」というふうにとっていただきたいですな。

大川隆法　しかし、あなたは、「文科省が建てている大学ではない」ということが、全然分かっていないんですよ。

下村博文守護霊　いや、でも、私学助成金《じょせいきん》は払ってますから、それを受ける以上はさ、教育行政の意見を聞いていただきたい。

里村　しかし、その新しい働きによって、最終的には国益につながる成果が生まれてくれば、これは投資になります。

下村博文守護霊　いや、そうなんですけど、あなたたちのおっしゃるようにね、何十年、何百年か後の宇宙理論みたいなことを言われても、やっぱり世間は納得しないのよ。それよりも、町に看護師さんが少ないとか、介護士さんが少ないとか、そっちの話のほうが基本的には「票」になるでしょうが。

大川隆法　まあ、選挙対策ですね。はいはい。

下村博文守護霊　ちょっと、今の言葉はカットです（会場笑）。

綾織　もう全部出しています。

武田　今、「選挙対策」ということで結論が出ましたから、このあたりで、ほかのエキスパートの方もいらっしゃるので……。

大川隆法　そうですね。細かく漏らしてくださる方もいらっしゃるかもしれません。

下村博文守護霊　（宇田《うだ》に）こいつ、なんかしゃべりすぎるから、もう嫌。

大川隆法　それでは替わりましょうか。はい（手を一回叩く）。出てください（手を一回叩く）。

5 「不認可」の政治的背景を探る

スピリチュアル・エキスパートの体を触《さわ》る下村氏守護霊

（ここで二人目のスピリチュアル・エキスパートの栗崎愛子に交代する）

大川隆法　では、次の方、お願いします。

次の「スピリチュアル・エキスパート」は国際派の女性ということで、きっと、下村さんが上品に聞こえるような話をしてくださるに違いないと思います。

では、下村大臣の守護霊、下村大臣の守護霊よ。

次の「スピリチュアル・エキスパート」にお入りくださって、女性の口を通じてではございますが、現在のご心境あるいはお考え等を、引き続き述べてくださいますことをお願い申し上げます。

それでは、下村さんの守護霊、こちらに入ってください。

（約十秒間の沈黙）

下村博文守護霊　さっきみたいに、べらべらしゃべらんぞお。

大川隆法　（笑）

下村博文守護霊　しゃべらんぞ。

綾織　まず、違う方に入られたお気持ちは、どんな感じですか。

下村博文守護霊　うーん、ちょっとなんか、いい感じだ（会場笑）。なんかねえ。女性っていいねえ。

大川隆法　あの、胸を触らないでください（会場笑）。

下村博文守護霊　うーん？　いやあ、初めてやなあ、こんな経験な。うーん、なかなかいいもんじゃないですか？

里村　うれしそうでいらっしゃいますけどね、はい。

大川隆法　ちょっと、まいったなあ（苦笑）。

綾織　それでは、ここは手短に終わらせていきたいと思います。

下村博文守護霊　しゃべらんぞぉ……。

自分の守護霊霊言を出されて、腹が立った

綾織　先ほどから問題になっている霊言のところなんですけれども、あなたが先ほどもおっしゃった内容が、ほぼ、そのまま答申の内容になっています。

特に、「不適切な行為」ということで、「霊言を出版され、それが送られてきました。これが、認可の強要を意図しています」というのは、文科大臣以外の人にとって関係のない話ですよね。

下村博文守護霊　うーん。

綾織　だから、あなたご自身が、この答申に対して、明確に示唆《しさ》を与えたのか、指示を与えたのか、そういう結果として答申が出ているわけです。

下村博文守護霊　まあ、そんな簡単に、ペラペラしゃべりませんけどね。

綾織　ただ、この答申の内容は、あなたが考えていることそのままですよね。

下村博文守護霊　うん。

里村　霊言を出されて、腹が立ったわけですか。

下村博文守護霊　いや、まあ、それは腹が立ちますよ。頭にきましたよ。

里村　なぜですか？

下村博文守護霊　いや、いや、いや。信じられんでしょう、こんなことは。

里村　しかし、わりと霊的なことはお好きですものね。

下村博文守護霊　まあ、好きだけども、ちょっと、守護霊とか、霊言とかは、信じられんなあ。詐欺《さぎ》だなあ、あんなのなあ。

里村　そういうのには非常に関心をお持ちでも、自分の霊言を出されたことに腹立った、と。

下村博文守護霊　まあ、もちろん。

里村　自分のプライドが、もう……。

下村博文守護霊　ああ、もう、ズタズタにされた気分ですねえ。

里村　ほお。非常に恨《うら》んだ？

下村博文守護霊　ええ、ええ。

里村　このままは認めんぞ、と。

下村博文守護霊　「ああ、幸福の科学やりおったな」と思いましたねえ。

里村　やりおった?

綾織　これを出されたあと、夏もずっと審査は続いていたわけですけれども、その時点で、審査会の人に、何かしらのアドバイスなり、「この方向で」というようなことを話されているのですか。

下村博文守護霊　まあ、チョロチョロしゃべったなあ。

綾織　なるほど。そこから始まっているわけですね。

下村博文守護霊　まあ、言ったな、そりゃな。みんな読んだしな。

里村　まあ、そうですよね。頭にきたし、腹も立ったし……。

下村博文守護霊　はい、はい、当たり前でしょ。

里村　「まさか認める方向にはいかないよな」と。

下村博文守護霊　はいはい。

大川隆法　神様ぐらいにしておいてくれないとねえ。

里村　そうですね（笑）。

下村博文守護霊　ほんと。もう、本を破って捨てたいぐらいでしたよ。

里村　では、新聞広告が出たりするのも……。

下村博文守護霊　いや、いや、ほんとに、新聞なんか見たくないくらいの勢いでしたねえ。本屋に並んでるのも腹立ったしねえ。

佐藤　だから、関係者に電話をして抗議をされた？

下村博文守護霊　うーん。うん。

佐藤　あなたのお言葉を聞くと、東京の方ではないようですが、守護霊さんは、どちらの方ですか?

下村博文守護霊　どこやろうなあ。

大川隆法　（笑）

下村博文守護霊　日本だ、日本。もう、これ以上しゃべらん。

幸福の科学は新しいから、まだ信頼がない?

里村　ちょっと、視点を変えますが、宗教系大学というのは、日本のみならず、世界にたくさんあるのです。もちろん、日本にもたくさんあります。

下村博文守護霊　知ってますよ。

里村　昨日お呼びした佐藤東洋士《さとうとよし》さんの桜美林《おうびりん》大学も、キリスト教をベースに、みっちりと大学で教え込む、と。

下村博文守護霊　まあ、キリスト教とかは、いいじゃないですか。

里村　キリスト教はいい？

下村博文守護霊　だって、歴史があるし。幸福の科学は、まだ信頼がないでしょ。

綾織　歴史だけの問題なんですか？

下村博文守護霊　まだ信頼がないでしょ、教団としての。創価《そうか》大学とかも、創価学会は立派じゃないですか。

里村　では、あと何年ぐらいでいいんですか？

下村博文守護霊　まあ、具体的な年数は別にあるわけじゃないけども。まだ、新しすぎるんだよ。

いや、内容とかより、やっぱり、どのくらいやってるかだよ。キリスト教も、もう長いし。

綾織　いや、それは今後を見ていればいいじゃないですか。今の時点で、審議会の判断、文科大臣の判断というのは、「霊言というのが、まったく合理性がないからおかしい」と、教義の内容に踏み込んだ考え方を示しているわけですよ。こんなことは、やる必要がないじゃないですか。

下村博文守護霊　うーん。内容にしても、これ以上、幸福の科学のやり方を広げられると困りますからねえ。

綾織　困るから、こういう答申なのですか。

下村博文守護霊　そりゃあ、そうだよ。日本がおかしくなるわ、ほんとに。

霊現象は信じるが、霊言は受け入れられない

里村　日本の誰が困るんですか。

下村博文守護霊　日本のみんなが。

里村　どのように困るんですか。

下村博文守護霊　いや、いや。変な国になるでしょうが。

里村　どういう変な国になると……。

下村博文守護霊　霊言を信じる国とかは、ちょっとおかしいだろ。どう考えたって。

里村　霊現象は信じていらっしゃるでしょう？

下村博文守護霊　でも、霊言っていうのは、なんかまた違うでしょ。

里村　ちょっと待ってください。要するに、「自分の霊言を信じてほしくない」ということなんですか（会場笑）。

下村博文守護霊　うーん。まあ、それもそうだなあ。それもそうだけども、それだけじゃないけどな。

佐藤　あなたは霊なんじゃないんですか。

下村博文守護霊　うん。まあ、霊だな。

佐藤　今、話しているでしょう?

下村博文守護霊　そうだなあ。女の子に入ってるしね。

佐藤　あなたはこれを信じないの?

下村博文守護霊　うーん、でも、本に出すのは、ちょっとよくない。よくない。

佐藤　それは、自分の言葉だから嫌だ?

下村博文守護霊　日本人を狂《くる》わせようとしてんだよ、この教団は。

里村　それは、霊言という「現象」よりも、「中身」の問題だと思うんですよ。

下村博文守護霊　そうかなあ。

佐藤　誰の霊言になっているかということで嫌だと。これだけの話ではないですか。

下村博文守護霊　うーん。

里村　もし、現象そのものであれば、例えば、イエスが死者を復活させた。水の上を歩いた。あるいは……。

下村博文守護霊　あれは、イエス様だからいいんだよ。

里村　それは、なぜですか。

下村博文守護霊　大川隆法はまだ駄目《だめ》なんだよ。

綾織　まだ？

里村　なぜですか。

下村博文守護霊　まだ若い。

綾織　若いから、駄目なんですか。

里村　自分と同じくらいの年齢だと？

下村博文守護霊　うーん。というか、なんか、イエスと違うんだよ。
　認可しなかったのは、幸福の科学が日本に広がるのが嫌だったから？

佐藤　あなたは、「人権」についてどう考えていますか。

下村博文守護霊　さあねえ。

佐藤　信教の自由は？

下村博文守護霊　まあ、外国だったら、いいんじゃないですか。

綾織　外国ならいい？　日本では駄目なんですね？

下村博文守護霊　うん。

綾織　日本では信教の自由は認められない？

下村博文守護霊　もう、神道《しんとう》、仏教、キリスト教があれば十分でしょ。

綾織　それ以外、駄目。「真光《まひかり》」はどうするのですか。

下村博文守護霊　真光ねえ。いちおう信じてますけどねえ。

綾織　先ほどのお話ですと、「大学の認可の話ではなく、幸福の科学、一宗教団体が教えを広げることは困るから、答申を出しました」と。

下村博文守護霊　困るんじゃなくて、「変な国になる」って言ってんでしょ！

綾織　「変な国になるから、答申を出しました」ということは、文科省の大学行政の仕事とはまったく関係ないですよね？

下村博文守護霊　なんで？

綾織　宗教活動について、あなたが「嫌だ」と言っているだけですよね？

下村博文守護霊　私だけじゃないけどね。実際。

財務省などにも、「霊言が嫌だ」という人は複数いる

大川隆法　あなたは、あなたの考える「道徳教科書」をつくろうとしていると思いますが、あなたが考えている道徳と、当会の教えでは、大きく違うところがあるのです

か。

下村博文守護霊　うーん。違うところ……。そうだなあ……。

大川隆法　要するに、「霊界には踏み込まない」ということですか。

下村博文守護霊　そうですね。生まれ変わりとかは、ちょっとよく分かんないなあ。

佐藤　でも、結局、あなたが、「霊言が嫌だ」という話ではありませんか。

下村博文守護霊　まあ、霊言も嫌ですね。確かに。

佐藤　「自分の霊言が嫌だ」というだけではありませんか。

下村博文守護霊　でも、あんなに本をいっぱい出したって、何の証明にもなりませんって。大川隆法は頭いい人ですから。

里村　先ほど、「自分以外にも嫌がっている方がいる」とおっしゃいましたが、どなたですか。

下村博文守護霊　まあ、財務省の人間とかですかね。

佐藤　元次官《じかん》の勝《かつ》（栄二郎《えいじろう》）さんとかですか。

下村博文守護霊　うん。まあ、いろいろ、いっぱい、複数いるわなあ。

里村　いわゆる、安倍《あべ》さんを中心としたお仲間の方たちは嫌だと？

下村博文守護霊　うん。「絶対に認可するな」みたいな。

大川隆法　いつ、霊言をされるか分かりませんからね。なるほどね。

不認可の背景には、公明党（創価学会）との取り引きもあった

佐藤　今、少し言いかけられた、「絶対に認可するな」というのを聞いたわけですね。

下村博文守護霊　まあ、来ますよね。

大川隆法　偉《えら》いんですね。さすがによく知っておられます。何か本当のことを話してくれるのではないでしょうか。

綾織　どのあたりですか。

下村博文守護霊　創価学会とつながってるやつじゃないですかねえ。

綾織　つながってるやつ……。自民党のなかでつながっている？

大川隆法　閣議にも入っていますからね。

下村博文守護霊　そうだねえ。そっから、「絶対建たせるなよ」ってすごく言われてます。

里村　必ずしも、安倍さんフレンドのなかの一人ではありませんが、二階《にかい》さんなどは、そういう方ですよね。今の自民党のなかで、公明党とのいちばんのパイプです。

下村博文守護霊　うん。まあ、私も基本は、幸福の科学に反対だから、「認可しません」っていうふうには伝えましたけど。その方にはね。

里村　ほお。そうですか。学会とのパイプも強いし、中国とのパイプもたいへんお強い。二階さんは、日本でいちばんパンダをもらっている方ですからね。

下村博文守護霊　うん。はいはいはい。

大川隆法　もしかすると、幸福の科学大学を拒否することで、沖縄選において、創価学会が自由投票から変えてくれるのではないかと思ったのでしょうか。そういうバーター（交換条件）でもあったのでしょうか。

下村博文守護霊　創価学会には、反抗はできませんからねえ。怖いですよ。ある意味ねえ。怖いとか、あまりここで言っちゃいけないけど。

佐藤　まずくなると、まぶたがピクピクとし始められるんですけど。

下村博文守護霊　いやいやいや。

佐藤　今の総裁のお話で、突然、非常に反応されましたが。

下村博文守護霊　気にしないでください。いやいやいや。

綾織　取り引きがあった？　取り引きがある？

下村博文守護霊　まあ、ありました。

綾織　ああ。

下村博文守護霊　ぺらぺらしゃべっちゃ、いかん、いかん、いかん。

里村　どういう取り引きでしょうか。

下村博文守護霊　うーん。もう、これ以上言ったら、本当に大変なことになるんで、言えませんけど。

里村　いや、しかし、非常に、これからの国政や日本にとって、重要なことですから。キーマンでいらっしゃいますから。

下村博文守護霊　いや、いや、いや、いや。

大川隆法　創価学会はそういうことをやります。以前から、年間ベストセラーを出すときでも、当会のほうが上になったら困るので、いつも、池田大作《いけだだいさく》を上にするためには、「われわれの上・中・下の三冊を足して、合計すれば上になる」などと言って、上に載せるとか、いつも順位を上にするように、取次店等に圧力をかけてやっていたらしいので、「そうした細かいところまで行き渡っている団体」ということは分かっていますけれどもね。

里村　それで、そこから考えると、「沖縄知事選が唐突《とうとつ》に出てきた」というのは……。

大川隆法　うーん。

下村博文守護霊　ねえ、そうですねえ。

里村　だって、下村さんは、沖縄県知事選には、全然、関係ないですものね。

下村博文守護霊　うーん。政治の世界は、いろいろあるんですよ。

里村　それを、急に、バーターの条件の一つとして、「沖縄県知事選で、幸福の科学側の協力を」と言ったのは、そういうわけですか。つまり、創価学会の自主投票路線を変えさせる、その大きなプレッシャーにさせると。

下村博文守護霊　そうですねえ。でも、私も、胃が痛いくらい、毎日、プレッシャーがすごいんですよ、本当に。

政権で創価学会とつながっているのは誰か

里村　どなたから。二階さんからですか？

下村博文守護霊　うーん……。まあ、「学会とつながってる人間」としか言えません。

佐藤　「ほかにもいる」ということなのですね？

下村博文守護霊　そうですね。一人じゃないねえ。

里村　一人ではない。

大川隆法　選挙のときは、手伝ってもらっているのでしょう？　自分のところも。

里村　しかし、ある意味で、「いちばんつながっている」と言えば、安倍さん本人？

下村博文守護霊　まあ、安倍さんは違うんじゃないですか。

里村　うん？　安倍さんではない。

下村博文守護霊　うーん。

里村　では、安倍さんではなくて……。

下村博文守護霊　安倍さんは、どこかで、幸福の科学に嫌われるのを恐れてますからね。

里村　ああ。安倍さんには、そういうところもあるわけですね。

下村博文守護霊　うーん。やっぱり怖いんでしょう。

里村　そういうところについては、すごく、ハリネズミみたいなところのある方ですからね。実は臆病《おくびょう》でいらっしゃる。そうすると、安倍さんの周辺？

下村博文守護霊　うーん。

里村　なるほど。そうすると、先ほども、少し、「官房長官《かんぼうちょうかん》」というお名前が出たんですけれども……。

下村博文守護霊　ああ。来たねえ。

里村　うん。菅《すが》さん。

大川隆法　菅さんは、坂本龍馬《さかもとりょうま》をすごく尊敬しているそうで、坂本龍馬の像か何かが、横浜かどこかに建ったら、「駆けつけて話をした」とかいう話です。もう少し、尊敬の念を行為で表してもらわないと困りますね。

里村　そうですね。

下村博文守護霊　でも、「幸福の科学と坂本龍馬が縁がある」とか、思ってないから、全然。

大川隆法　思っていないのですか。では、もう少し、教えてあげないといけないですね。

里村　ええ。

綾織　官房長官は、この一連の流れのなかでは、どのような、かかわり方をされていますか。

下村博文守護霊　うーん。それは言えないなあ。

里村　言えないぐらいのかかわり方をされている？

下村博文守護霊　うーん。

佐藤　かかわりがなかったら、言えますものね。

「認可するな」と言ったのは、菅官房長官

大川隆法　基本的に、危機管理は、あの人が中心的にやっているのではないですか。

下村博文守護霊　うーん。

里村　そうした危機管理的な観点から、やはり、官房長官筋からもあなたに……。

下村博文守護霊　いやあ、はい。

里村　「よもや、認可することはないな」と。

下村博文守護霊　うん。「するな」と。

綾織　「するな」と。

里村　あっ、「するな」と。

佐藤　はっきり言われた？

大川隆法　ほう。

下村博文守護霊　うーん。

綾織　納得ですね。

大川隆法　ああ、そういえば、「小渕恵三《おぶちけいぞう》さんの霊言」というのは、やっていなかったね。やりましたか。

里村　やっていません。

大川隆法　面白いでしょうね、今やったら。

里村　（笑）

大川隆法　ハッハッハ（笑）、いや、冗談。少し脱線しました。独《ひと》り言《ごと》です。気にしないでください。

綾織　明確に、「認可するな」という指示があったわけですね？

下村博文守護霊　うーん。まあ、あの人は創価学会と絡《から》んでるでしょう。

綾織　はい。そうですね。今、政権のなかでは、パイプ役になっています。

里村　ある意味で、「忠《ちゅう》」の方、忠誠の「忠」の方ですから、政権を守ることが自分の使命だとなったら、あの人は、もう、どんな人とでも、悪魔《あくま》とでも、手を結ぶタイプではありますよ。

正直言うと、「認可しようかな」と思った時期もあった

下村博文守護霊　うーん。ああ、私も、こんなふうになりたくなかったんですけどねえ。

里村　では、今回、「損な役回りを、やはりやらされた」という認識でいらっしゃい

ますか？

下村博文守護霊　いや、ちょっとは、「認可しようかな」っていう気分には、なりましたよ、正直。

綾織　ほう。そうですか。

里村　いつごろですか？

下村博文守護霊　うーん。もう、これ以上、僕の霊言の本を出されても困るんでねえ。

里村　うん、うん、うん、うん。

綾織　あっ。それは、自分のためなのですね。

下村博文守護霊　うん、うん。そう、そのころ、二冊目が出たときくらいかなあ。

綾織　ほう。

大川隆法　それを出させないようにするために、「五年間認可しない」などと言って、五年間も引き延ばして、自分がいなくなるまで引っ張ったのではないですか?

下村博文守護霊　うーん……。

大川隆法　「五年ぐらい引っ張っておけば出せないだろう」と。

里村　黙っておけと。

下村博文守護霊　そうねえ。それも考えたねえ。

大川隆法　うーん。そうでしょうね。

綾織　なるほど。

里村　オリンピックまでの……。

佐藤　「それを文科省に伝えてリークさせた」ということですか。

下村博文守護霊　うーん……。素直に「イエス」とは言えないんだけどねえ。

佐藤　しかし、「イエス」と言っているわけですね？

下村博文守護霊　うーん。

里村　「不認可」の新聞記事を見て、「ざまあみろ」と思った

ただ、どうなのですか。その結果として……。

下村博文守護霊　いやあ、もう苦しいなあ。

里村　今回、不認可というかたちになって……。

下村博文守護霊　苦しいよ。

里村　「自分の思いどおりにいった」と、非常に喜ばれているのでしょうか。それとも、「責任者という立場で損な役回りをさせられた」と思っているのでしょうか。

下村博文守護霊　いやあ、でもやっぱり、「幸福の科学、不認可」って新聞に出たときは、ちょっとうれしい……、なんか、笑ったなあ。「ハハ、ざまあみろ」って、ちょっと思ったね。

里村　おお、おお。

大川隆法　ただ、ＮＨＫの五時のニュースを観ましたけれども、「那須《なす》町にある幸福の科学学園が大学を申請していましたが、不認可になりました」という感じでアナウンサーが原稿を読んでいましたが、「幸福の科学」とも「大川隆法」とも名前も出しませんでした。

それを出すのが怖かったのか、教祖の教えが使われているのが問題で、というような言い方をして逃げていて、原稿を読み上げる人は、珍《めずら》しく詰まりながら、ちょっと怖そうに、震えながら読んでいたのです。顔が出ますからね。

下村博文守護霊　いや、それは、大川隆法は怖いですよ。

大川隆法　ＮＨＫも怖いのではないですか。

下村博文守護霊　怖いですよお、ほんとに。

大川隆法　やったら必ず反撃、撃ち返してくることが分かっているからか、出しませんでした。

下村博文守護霊　「倍返し」ですもん。三倍返し、百倍返しです。怖い怖い。

大川隆法　私の名前を出したらいいのに。幸福の科学も出したらいいのに。

下村博文守護霊　最近、すぐ、こういう本が出るから、ほんとに怖い。

大川隆法　そう、翌日に出ますよ。

下村博文守護霊　怖い怖い。

下村大臣は、安倍総理の身代わりになろうとしている⁉

大川隆法　そして、その日の夜、なぜかは知りませんが、以前に教育テレビで「柳田《やなぎた》國男《くにお》」の番組がありましたけれども、十時から総合テレビのほうで、「妖怪《ようかい》がないと思っているんですか。そんなことはないですよ」という感じの一時間番組が放送されました。

里村　はい。

大川隆法　案内役の渡邊《わたなべ》あゆみさんは、東大卒で私よりも少し下の人ですが、昔、N

HKスペシャルで、「私たちの先祖である魚は……」などとやっていた人で、「ちょっと許しがたい」と思ったところもありますが、この日は「妖怪はある。河童《かっぱ》が出た」などという一時間番組をしていて、「ちょっと変なバランスだな」と思いながら観ていました。

あちらも攻撃を受けているので、信じるほうも少しは言うことで両方に揺さぶって、批判をかわしているのだろうというように見えました。「歴史秘話ヒストリア」にも、以前と同じような人たちがかかわってるはずですから。

里村　はい。

大川隆法　ちょうど同じあの日だったのですが、「怪《あや》しいなあ」という感じはしましたね。

里村　ええ。揺れていますすね。

大川隆法　ＮＨＫも非常に怖いのでしょう。朝日だって怖いぐらいなのですから、本当はＮＨＫも怖いんですよ。それなのに、あなた個人で受けようとしているのは、ものすごく〝勇気〟があります。偉《えら》い。〝安倍さんの代わりに死のう〟としているわけです。

下村博文守護霊　ありがとうございます。

大川隆法　偉い。

里村　大したものです。

大川隆法　安倍さんのために死のうとしているのだから、大したものです。

下村博文守護霊　いやいや、急にほめられちゃって、ちょっと……。

大川隆法　いや、今、一人で、安倍さんの身代わりになろうとしているのでしょう？　ああ、偉い、偉いわ。

下村博文守護霊　いやいや、ありがとうございます。

里村　いい気持ちになっている場合とちゃいますで（会場笑）。先ほど、新聞で幸福の科学大学不認可の記事が出たのを見て、最初は「ちょっとうれしかった」とおっしゃいましたが、ただ、昨日から、それに対して、「いったいどういう背景があったのかと」いう追及が始まっているのです。

下村博文守護霊　うーん。

里村　このままで行くと、いろんなかたちで責任がどんどん明らかになってくると思います。まあ、もともと責任はありますけれども、背景も含めて……。それをどう思われますか。

下村博文守護霊　何が？

里村　これからのご自分についてです。

下村博文守護霊　これから？　これから……。

里村　安倍さんに忠誠を尽くして、出世街道を……。

下村博文守護霊　うん、うん、うん。そうね。まだまだ僕は頑張んないと、この政治の世界で。

幸福の科学から〝反撃〟が来ても、大事《おおごと》にならないと思っている

佐藤　しかし、「幸福の科学が怖い」とおっしゃっていましたが、どんなふうになるのかという予想はしていなかったのですか。

下村博文守護霊　どういうこと？　どんなふうになってるって？

佐藤　不認可にしたということです。

下村博文守護霊　うーん。

佐藤　先ほど、「幸福の科学が怖い」とおっしゃっていましたが、どういう副作用が起きるのか……。

下村博文守護霊　いやいや、これで建たなかったら、何年かはしばらく安心でしょう。

佐藤　では、「何の反撃も来ない」という考え方ですか。

下村博文守護霊　いやあ、何かしら来るとは思ってるけど、そこまで大事《おおごと》にはならない。

大川隆法　それよりも、目先は、新潮《しんちょう》や文春《ぶんしゅん》にチクッと書かれるほうが怖かったのでしょう？　今、政界をつつかれていますから、そちらが怖かったのではないですか。

下村博文守護霊　まあ、それもありますね。週刊誌ねえ。

武田　先ほど、「出世街道、間違いなし」と言っていましたが、それを誰が保障してくれているのですか。

下村博文守護霊　まあ、官房長官ですかね。

里村　そこは、今、私も訊《き》きたかったところなんです。「よくやった」とか、そういうことはあった？

下村博文守護霊　ええ、ええ。もらいましたねえ、ある程度。

里村　もらった？　はあ。あ？

武田　何をもらったのですか？　（下村氏守護霊が携帯電話を見るようようなしぐさをするのを見て）その手は何ですか。

佐藤　メール？

武田　メールをもらったと。

里村　おお！

下村博文守護霊　メールじゃない。まあ、メールももらったけど。

武田　こういう結論に持っていけということで。

綾織　特別に何か……。

佐藤　直接、言葉ももらった？

下村博文守護霊　まあ、お金もちょっともらったかな。

里村　おお。

綾織　お金もある？　ほお。

下村博文守護霊　もう、これ以上はしゃべりません。

里村　いや、だいぶお話してくださっていますけどね。

武田　それでは、これでいいですか。ではまた、次の……。

大川隆法　そうですね。まあ、いろいろと人が変われば、チラチラと漏れてしまうことがあるでしょうね。その人の抑えが利《き》かない部分から漏れてくることがあるでしょう。

里村　はい。

6　明らかに政治的判断だった「今回の判定」

引き続き、女性のスピリチュアル・エキスパートに下村氏守護霊を入れる

（ここで三人目のスピリチュアル・エキスパートのイシス真理子《まりこ》に交代する）

大川隆法　それでは、次は、イシス真理子さん、お願いします。

国際のほうの担当ですので、特別、文科省に利害関係があるわけではありません。むしろ、当会が大学ばかりに関わっていて、国際伝道が進んでいないため、かなりイライラが溜《た》まっている可能性があります。もしかしたら、イシスさんは、「よくぞ、不認可にしてくれた。これで国際伝道は万々歳《ばんばんざい》だ。総裁も、外国周りの仕事しかしなくなるだろう」と思って喜んでいるかもしれないでしょう（会場笑）。

そういう意味では、下村さんにとって非常にうれしい方かもしれません。

援護《えんご》的な発言が出るかもしれないし、スピリチュアル・エキスパートが変わったら、霊言も変わるかどうかは分かりませんが、このあたりも実験ですので、調べてみたいと思います。

それでは、下村文部科学大臣の守護霊よ。下村文部科学大臣の守護霊よ。イシス真理子さんに入って、現在の感想、あるいは先ほどの話の続きについて、お話しくださいますようお願い申し上げます。

はい、どうぞ入ってください。

（約五秒間の沈黙）

綾織　今日は、これで三人の方に入られているわけですけれども、何か違いがあるものでしょうか。

下村博文守護霊　そうですねえ。そらあ、あるでしょうねえ。

里村　どんな違いがあるんでしょうか。

下村博文守護霊　まあ、そらあ違いがあるだろうねえ（笑）。

里村　いや、ぜひ、そのへんの……。

下村博文守護霊　さっきの、あのお姉ちゃん、いいよねえ。

大川隆法　お姉ちゃん（笑）（会場笑）。

綾織　今の女性はどうなんですか。

下村博文守護霊　はあ、まあ、まあ、まあ、いいんじゃないですか？（会場笑）

里村　いい……（苦笑）。

下村博文守護霊　そういう意味じゃないよ、君たち。誤解を与えるから、ちょっと、よろしく頼むよ。

武田　活字になるので、どう違うのか、具体的に描写を……。

下村博文守護霊　いや、まあ、まあ、まあ。きれいで美人なお姉さんじゃないですか、さっきの方はね。

里村　いや、科学的な実証精神で、今……。

大川隆法　ああ、そう、実証精神。

下村博文守護霊　ああ、実証精神なあ、そうですねえ。

里村　そうです、要するに、一つの霊が、別々の体に入ったときの感覚の違いとは、どのようなものかと思いまして。

下村博文守護霊　そらあ、分からないですけどねえ。要は、霊じゃないですから。何を言ってるんですか。

綾織　霊ですよね？

下村博文守護霊　霊ですね。ま、霊じゃないですけどね。霊ですね。

大川隆法　イシスさんの場合は、体形を探ったりしないんですか。

下村博文守護霊　いやいや、何をおっしゃってるんですか、失礼な（会場笑）。

佐藤　なかに入ると、女性のほうが居心地《いごこち》がいいものですか。

下村博文守護霊　いや、いや、いや、そらあ、居心地悪いですよ（苦笑）。

佐藤　いやいや、一人目の男性より、女性のほうが居心地がよかったりするんですか。

下村博文守護霊　いやあ、さっきの方は、よろしかったですねえ（会場笑）。

大川隆法　好かれてしまったか（笑）。

綾織　今と、どう違うんですか。

下村博文守護霊　いや、違うでしょ（苦笑）。

綾織　いや、具体的に語るとすると。

下村博文守護霊　何を話しているのか、よく分からないですよ。

綾織　ああ、そうですか。

下村博文守護霊　新聞記者なら、新聞記者らしい話をしたまえ（会場笑）。

綾織　じゃあ、ちょっと、おいおい伺《うかが》いながらということで。

「霊言で学校を建てる」と決めつけている

綾織　先ほど、「幸福の科学が怖い」という話が出ましたけれども、本心としては、守護霊霊言が出て、今回の不認可の結果についても、守護霊霊言で語られていた内容が、そのまま行動として何カ月か後に現れてきているので、「本当のことを明らかにされてしまう」というのが、いちばん怖いのかなあと思うのですが、そんなことはないんですか？

下村博文守護霊　いやあ、あの霊言は、全然ほんとのことじゃないじゃないですか。

綾織　ほんとのことじゃない？　嘘《うそ》ですか？

下村博文守護霊　いやあ、つくり話でしょ。

綾織　ああ、つくり話ですか。

下村博文守護霊　いや、君たちがね、失策《しっさく》を犯《おか》したんだよ。そんな、霊言で学校が建つわけがないじゃないですか。

綾織　別に霊言で建てるわけではないので……。

下村博文守護霊　いや、いや、いや。ちらっと見たよ、大量に提出してきた資料をね。

里村　ちらっと？

佐藤　中身を、じゃないですね。

下村博文守護霊　いや、そらあ、概略《がいりゃく》をまとめる人がいるんです。

佐藤　「概略を読んだ」ということなんですか。

下村博文守護霊　だから、忙しいんですね。そら、何校も認めないといけないいんだから。

佐藤　概略は何枚あげてありますか。

下村博文守護霊　いや、知らないですよ、そんなの。そんなのは秘密です。

綾織　概略のなかには、どういうことが書いてあったんですか。

下村博文守護霊　いや、だから、霊言で建てるんです。

審議会の答申に「霊言を根拠とした教育」とあったのか

綾織　霊言で建てる（苦笑）。それもまた下手《へた》な要約なんですけども、まあ、答申のなかで、「霊言を教育の根底に据《す》える」とか、「霊言を根拠とした教育」とかあったのは、これは明らかに誤解がある。

下村博文守護霊　いや、いや、いや。総裁は頭がいい方なんだから、普通に申請すればよかったものを。そんなややこしい学部名を付けてするから、突っ込みどころが満《まん》載《さい》じゃないですか。

里村　ただ、ややこしい学部名というのはほかの大学にも見られますよね。創価《そうか》大学の共生創造《きょうせいそうぞう》理工学科とか。

下村博文守護霊　国民が受け入れられるかどうかの許容範囲がかかっているでしょ。

里村　学部名で、幸福の科学大学の「経営成功学部」は受け入れられない？

下村博文守護霊　学生なんかは学部名で判断したりするじゃないですか。中身がよく分かってなくてもね。

里村　では、「人間幸福学部」「経営成功学部」は受け入れられない？

下村博文守護霊　いやあ、そんなことは聞いたことがないから、意識が遠くなりますね。

佐藤　そうすると、今のお話が審議会の答申に書いてあれば分かるのですが、無関係ですよね。

下村博文守護霊　まあ、私は審議会のメンバーじゃないですからね。分からないです。

佐藤　では、あなたに上がってきたその申請書の概要が……。

下村博文守護霊　いや、その省庁のトップ、責任者ですから、いちおう概略は見ますよ。

佐藤　「その概略に今のようなことが書いてあったんだ」ということをおっしゃっているのですか。

下村博文守護霊　それは分からないですよ。

佐藤　えっ？　分からない？

下村博文守護霊　それは分からないです。

佐藤　今、あなたは自分の感想をおっしゃっているだけでしょ？　「そうです」って言ってますね？　うなずいてますよ？

答申が出るのが遅れたのは、政局が絡んでいたから

綾織　ということは、審議会と関係なしに、あなたが「霊言を根拠としている大学だ」と勝手に決めて、「『それは、いかん』という答申を出しなさい」と言ったという話になりますね。

里村　つまり、最初に出した答申だと駄目なので、「戻す」といった、やり取りが何回かあったのですね。

下村博文守護霊　そう。あったでしょうよ。

佐藤　大量の文章で二回やり取りしましたよね。

下村博文守護霊　ええ。しましたねえ。

里村　最後の答申のところです。

つまり、通常だと十月二十五日までに出るものが、出ないで遅れました。

下村博文守護霊　はい。

里村　この三、四日間のタイムラグの間にやり取りがあったわけですね。

下村博文守護霊　そうです……。

里村　そして、それは下村大臣の意に沿う答申ではなかったわけです。そこで霊言を根拠にした。「許せない」と。

下村博文守護霊　政局が絡《から》んでるんで……。いや（笑）。

里村　ん？　もう一度、今の言葉をお願いします。

下村博文守護霊　いや、事情が変わったんですよ。政局が絡んでるんですよ。

里村　政局が絡んでいると。その政局は、先ほどの沖縄県知事選とかを含めてですか。

下村博文守護霊　いや、いや、いや……。

里村　スキャンダルもですか。

下村博文守護霊　でも、文科省は政局とか関係ないですよね。大学を設置するか、しないかの……。

里村　いや、「政局が変わった」と今おっしゃいました。

下村博文守護霊　いや、いや、いや、いや……。

綾織　もとのほうの答申の内容というのは何かもう書いたものがあって、この一、二週間の間の政治とカネの問題とか、そういうのが絡んできて内容を変えさせたんですか。

下村博文守護霊　いや、いや。政治とカネは絡んでないでしょ。今、小渕《おぶち》さんが大変なことになってますからね。

綾織　小渕さんは政治資金の問題ですよね。

下村博文守護霊　いやあ、安倍総理も気の毒なんですよ。

里村　でも、「政局が絡んでいる」って自《みずか》らおっしゃいましたけれども。

下村博文守護霊　いや、いや、いや、いや……。

佐藤　あなたは先ほどの二人目の女性のときと同じだけれども、まずくなると瞼《まぶた》がピク、ピク、ピク、ピクーってしているんですよ。今もしてますよ。

下村博文守護霊　あっ、それはこの人（スピリチュアル・エキスパートのこと）のせいなんじゃないですか。

前回の答申では「大筋問題なし」だったのに、誰が引っ繰り返したのか

里村　もう少しお尋《たず》ねしますが、最初の審議会の答申は、「これこれ、こういうことで、いいんじゃないか」という答申であったのではないですか。学部名のいろいろな問題はあるけれども、要するに、何も法律に違反するところもあるわけではないし、規定の教授だとか、教授陣も揃《そろ》えているから大筋では問題ないと。

下村博文守護霊　まあ、そうやなあ。だから、この短期間でそれを全部、完璧に揃えるのは無理だろうよ（笑）。それは、どこの大学だってそうですよ（笑）。

里村　はい。

綾織　ある程度オーケーの範囲に入っていた？

下村博文守護霊　そう、そう、そう、そう。

里村　入ったのに、それを……。

下村博文守護霊　いや、いや。私も先が長いんですよ。

里村　いや、先を長くするためにも……（笑）。

下村博文守護霊　まあ、幸福の科学だって先が長いじゃないですか。長いじゃないですか、お互い。

ねっ？　うまくやりましょうよ。

大川隆法　（笑）

里村　ただ、このときに大学を受ける子供たちにとっては、このときしかないのです。

下村博文守護霊　大丈夫。ほかに大学がいっぱいあるじゃないですか（笑）。

綾織　いや、いや。

里村　違うのです。

下村博文守護霊　（大川総裁の）お子様が東大に入ったって聞きましたよ。すごいですねえ。

里村　いや、学びたい学問を受けたいのは、憲法が保障する権利です。

下村博文守護霊　そうですね。それは権利です。でも、しょうがないじゃないですか。

里村　「学びたい」と言って目を輝かせていた子供たちがいたのです。その子供たちは今回希望が裏切られて泣いているのです。

下村博文守護霊　それはかわいそうですねえ。

里村　いや、あなたの判断ですよ。

下村博文守護霊　いや、私の判断ではなく、審議会の判断なんです。

綾織　いえいえいえいえ。

里村　そういうかたちにしたけれども、最初の審議会は、認める方向だったと？

下村博文守護霊　うん。そうですね。

里村　それを、引っ繰り返したのが……。

下村博文守護霊　いや、うん。

里村　ということは、下村さんの判断ですか。

下村博文守護霊　いや？

里村　え？　違いますか。

佐藤　政局で？

里村　官房長官《かんぼうちょうかん》の……。

下村博文守護霊　うん？

綾織　先ほども少し出ましたが、あなたも、嫌な役回りをさせられてしまったわけですか。

下村博文守護霊　（ため息）いやあねえ、オリンピックもね、少し不本意ですよ？でもですねえ、いや、いや、いや、いや、いや。先が長いですから。

綾織　はい。それは、この政局的な動きのなかで、官房長官か誰かから言われて、やはり、もう、結論を変えざるをえないと……。

下村博文守護霊　うーん。

マスコミから責められるのが嫌だった

大川隆法　もちろん、スキャンダル警戒の〝あれ〟は、内閣に出ているでしょうが、増税とか、「総理のところには、何の可能性があるか」ということを打診されて、「うちのところは宗教スキャンダルしかありえない」という判断が働いたのかもしれません。

下村博文守護霊　そうですよ。今はね、脇《わき》を固めないといけない時期なんですよ。

里村　はい。

下村博文守護霊　「安倍政権危《あや》うし」なんですよ。

綾織　うーん。

下村博文守護霊　増税がかかってるのに、増税しない方向にマスコミも動いてねえ。いや、いや、いや、あれですよ。もう、「攻められるところは攻める」っていう勢いなんでね。

綾織　うーん。

下村博文守護霊　脇を固めないといけないんですよ。私の弱点は、そら、あるんですよ。

里村　ほう。

下村博文守護霊　みんなあるんですよ。

里村　おお。まあ、ありますよね。

下村博文守護霊　それは、ちょっと隠さないといけないね。

里村　例えば、どんな弱点をお持ちです？

下村博文守護霊　いや、もう、文科省として責められるからね。それは嫌ですよね。避けたい。

善意に考えるなら、幸福の科学を課税から守るため？

大川隆法　もしかしたら、（不認可を）善意に考えるならば、幸福の科学を認可したりすると、今まで黙っていたマスコミが、急にウワッと、「宗教は金儲《もう》けをして、ものすごく金を貯めていて、大学までつくれる」と言ってくる。

下村博文守護霊　ああ、そう、そう、そう、そう、そう。

大川隆法　「急速に（大学を）つくれるようになった。こんなのを放置してよいのか。この、金がない、財政赤字のときに」と。

下村博文守護霊　そうだ。あ！　そうだぞ。宗教、課税するぞ？　どう、それでいいですか。

大川隆法　「課税をかけられないよう、幸福の科学を守るためには、認可を遅らせればいけるのではないかと、善意に判断した」というように言いたいのでしょうか。

下村博文守護霊　そう、そう、そう、そう。それはそうさ。さすが、総裁ですねえ。

大川隆法　ああ、なるほどね。

下村博文守護霊　いや、私は、信じてるんですよ？

大川隆法　（笑）

下村博文守護霊　いや、あの霊言はよくない。あの霊言はよくない。霊言で（大学が）建つのは……。

綾織　いやいや、もう、全部を信じなければ、教えのつまみ食いは駄目《だめ》なんです。

里村　信じている者の言動ではございませんよね。

下村博文守護霊　いやいや。尊敬申し上げておりますよ。

里村　いやいやいや。それは、言葉だけです。

綾織　ということは、幸福の科学のためを思って……。

下村博文守護霊　ためを思って。

綾織　それで、答申の内容を〝変えてくださった〟ということですか。

大川隆法　ああ。

下村博文守護霊　いや、私に変える権限はない（笑）。

里村　え？

綾織　いえいえいえいえ。

里村　でも、変えたのですよね。

下村博文守護霊　いやあ。

里村　もう、先ほどから、何回もその話が出ています。

佐藤「形式的には、そういうかたちにはなっていないはずだけど、権限はある」と、あなたはおっしゃっていますよ？

下村博文守護霊　ああ、そうそうそう。うん。そうですよ？

佐藤　そうですよね。

下村博文守護霊　いや、ただ、審議会がな。

安倍政権から切られないように判断した結果が「不認可」

里村　かつて、実際に、審議会の答申と違う判断を出した文科大臣もいらっしゃいましたよね。

下村博文守護霊　そらあ、そうですねえ。田中真紀子《まきこ》さんは大変でしたね。

里村　今回は、そこを根回しされて……。

下村博文守護霊　いや、まあ、でも、あの人と今回は、違うんですよ？

里村　ええ。

下村博文守護霊　これは、ちゃんと、正式にステップを踏んでますからね。

佐藤　「正式」というのは、その根回しのところですか。

下村博文守護霊　いや、「審査の過程をちゃんと経《へ》て、審査として不認可だ」というステップを踏んでるんですよ。

佐藤　ええ。かたちの上ではね。

下村博文守護霊　そうですね。政治はかたちなんですよ。

里村　先ほどから、やはり、「長くある」というところに、非常にこだわっていらっしゃって、今、一生懸命に、安倍政権、あるいは首相官邸に対する忠臣《ちゅうしん》ぶりを見せていらっしゃいますが、ただ、この安倍政権の特徴を見ますと、「政権のために仕事をした人を切っていく」という傾向があります。

下村博文守護霊　うん。

里村　やはり、危ないと思われませんか。つまり、「たくさん獲物《えもの》を狩《か》った犬ほど、先に片付けられていく」というのが、安倍政権の特徴です。

下村博文守護霊　そのたとえはよくないけども。

里村　今までを見ると、そうなんですよ。

下村博文守護霊　うん。いや、だから、切られないようにした。

佐藤　それは、具体的に、何をしたのですか。

里村　切られないようにするために、何をしましたか。

下村博文守護霊　切られないように判断した。

綾織　うーん。

里村　切られないように判断した結果が、「幸福の科学大学の不認可」という結論であるわけですか。

下村博文守護霊　それは分からないですけどね。まあ、日々、判断してるんですよ。

里村　ほお。例えば？　「三十五人学級」や「道徳教育」といったものですか。

下村博文守護霊　いや？　ううん？　いや、もう、官僚に任せとけばいいんですけどね。

里村　うーん。

下村博文守護霊　ただ、私が判断をしたと思われるようなことは、判断してないというふうに見せるのが、大事なんですよ。

里村　なるほど。

綾織　うーん。なるほど。

里村　そこが、うまいわけですね。判断していながら、判断していないように見せる。

下村博文守護霊　うん、まあ、両方、分からないなあ。

里村　さすがですね。

下村博文守護霊　いやいや。

中国へのスタンスを変えつつある安倍政権について、どう思うか

綾織　背景について、もう少し教えてもらいたいのですけれども、まあ、増税の絡みで一つあるし、そういう政治資金の問題で攻撃されているのが一つある。そして、もう一つ、気になるのは、まあ、創価《そうか》学会と関係するのかもしれませんが、安倍政権が中国に近づいていっている。

下村博文守護霊　うん。福田さんが、（中国に）行ってたね。

綾織　はい。安倍政権として、中国に対するスタンスを変え始めているようですが、これは……。

下村博文守護霊　いや、文科省だから関係ないですよ。

里村　いや、関係ありますよ。それは、教科書など、いろいろと、すごく関係がありますよ。

綾織　「将来、首相になる」というようにおっしゃっている方なので、当然、関心があると思うのですが、中国から、何か、間接的にでも意向があるのですか。

下村博文守護霊　いや、私は文科省なんで、別に、来ないですけど、まあ、関係ある人からは聞くことはありますよ。

綾織　まあ、先ほどの、その創価学会とのパイプの方など、そういうところから、中国の意向も伝わってくる……。

下村博文守護霊　いや、まあ、安倍総理の意向もあるんじゃないですか?

綾織　ああ、安倍総理ご本人の……。

下村博文守護霊　そらあ、総理が、すべてですよ。

里村　ええ。

綾織　はい。

里村　今、また、中国と徐々に近づいているなかで、下村大臣は、尖閣《せんかく》の問題について、「尖閣は日本の領土だ」と教科書にしっかり明記するんだとかおしゃっていますけれども、要するに、この方向は、まあ、われわれはよいと思うのですが、安倍総理から見ると、嫌な流れですよね？

日中国交正常化して、いちばん最初に起きた日中の軋轢《あつれき》、問題は、教科書書き換《か》え問題だったんです。

下村博文守護霊　そうです。そうなんです。

里村　一九八〇年代前半の……。

下村博文守護霊　そうなんですよ。だから、それはなくなるかもしれません。

里村　あなたは、火元《ひもと》にされる可能性がある……。

下村博文守護霊　いや、そうなんです。だから、危険ですよね。

里村　すごく危険です。

下村博文守護霊　危ない、危ない、危ない。

佐藤　「だから、なくなるかもしれない」？

下村博文守護霊　なくなるかもしれないね。まあ、安倍総理も、今、変わってきてるんで、その方向に従おうと思っています。

綾織　ああ。

里村　でも、いちおう、保守を自認されていますが……。

下村博文守護霊　安倍総理だって保守ですよ？

里村　ええ。しかし、その流れが……。いや、友好関係はいいんです。友好関係はいいのですけれども、なし崩しに……、例えば、今、日本政府は、中国との尖閣についてのやり取りでも、一部、譲歩《じょうほ》的な姿勢を見せ始めているのですよ。これで、よろしいのですか。

下村博文守護霊　うん。

里村　あなたの政治家としての筋の……。

下村博文守護霊　だから、政治的信条と個人的感情は違うんですよ。公的人間と私《し》の部分って……。ほら、なんか、総裁も言ってるじゃないですか。ねえ？

綾織　いや、政治職は「私《し》」ではないですよ。

里村　あなたの政治信条と、実際の政権における政治行動が変わってきているのです。

下村博文守護霊　そうですねえ。安倍さんだって変わってる。

里村　あなたは、どちらのほうを取るのですか。

下村博文守護霊　安倍さんを取らないといけない。

靖国参拝《やすくにさんぱい》を主張していたのに、大臣になったら行かない理由

綾織　あなたはまあ、対中国でもいいのですけれども、安倍さんが持っていこうとされている方向や安倍さんのお考えというものを、どのように見られているのですか。安倍首相は何をされようとしているのでしょうか。

下村博文守護霊　いや、安倍さんは保守なんですけど、まあ、世論《よろん》もあるんですよ。

綾織　はい。

下村博文守護霊　中国もいるんですよ。

里村　ええ。

綾織　はい。

下村博文守護霊　アメリカもいるんですよ。

綾織　うん。

里村　うん。

下村博文守護霊　「このパワーバランスを考えないといけない」と思っていらっしゃると思うんですよね。

綾織　ほお。

下村博文守護霊　それは、この国内の政治のなかでも一緒ですよね。

綾織　ええ。

里村　ご自身は、もともと、政治家のなかでも、「靖国《やすくに》に行こう」というように動いていらっしゃった方ですが、なぜ、文科大臣になって、靖国参拝《さんぱい》が曖昧《あいまい》になった。大臣でも、閣僚《かくりょう》でも行っていらっしゃいますよ？

下村博文守護霊　大臣だから行かない。

里村　え？

下村博文守護霊　大臣だから、行かないですね。

里村　いやいや、大臣……。

下村博文守護霊　いや、安倍総理が行かないじゃないですか！

里村　でも、ほかの大臣は堂々と行かれていますよ。総務大臣も行かれていますし……。

下村博文守護霊　そうですね。

里村　ええ。

下村博文守護霊　いやあ、あの人たちは、行ったところで叩かれることもないですからね。

綾織　叩かれたくない？

下村博文守護霊　私は、叩かれるんですよ。

里村　私は叩かれる？

下村博文守護霊　そうですねえ。あの霊言で、幸福の科学とつながりがあるって、すごく明確になってしまったんですよ。

里村　そのつながりが……。

下村博文守護霊　今までは、隠れ蓑《みの》にしてたものが、たくさんあったんですよ。

綾織　はあ。

幸福の科学大学を潰《つぶ》すことで、安倍総理への忠誠を示した

里村　それで、また、今回、審議会という隠れ蓑を使って、大学を潰《つぶ》すことで、安倍さんに対しての……。

下村博文守護霊　そうです。それを表さないといけない。別に、安倍総理が言ったわけではない。私は、昨日のあの人みたいな……、まあ、佐藤さんみたいな感じでね、裏切らないんですけどね。

里村　はあ。

下村博文守護霊　いやあ、安倍総理から、直接、言われたわけじゃないですよ。

里村　やはり、昨日のは裏切りですか。

下村博文守護霊　いやいや、あれは、ただの、公正なる審議会なんじゃないですか？

里村　（苦笑）でも、今、裏切りとおっしゃったので……。

下村博文守護霊　（苦笑）

里村　「事実の暴露《ばくろ》があった」ということで、裏切りだと……。

佐藤　「事実を言った」ということですね。

下村博文守護霊　いやあ、事実の暴露？

里村　ええ。

下村博文守護霊　いや、よく分からないですね。いやいや、しっかり言っておかないと。

佐藤　つまり、「嘘を言った」ではなくて、「裏切った」と、今のお話は、こういうことでしょう?

下村博文守護霊　いやいやいや。だから私は、安倍さんに忠誠《ちゅうせい》を尽くしてですねえ、「安倍政権を支えるための文科省」という役割ですよ。

マスコミは、大学建立《こんりゅう》に対して、そんなに否定的ではなかった

大川隆法　「安倍さんのご体調が悪くて危ない」という説もあるのですが、大丈夫なのですか。

下村博文守護霊　大丈夫ですよ。（大川）先生も大丈夫ですか。

里村　大丈夫です。お元気でいらっしゃいますから。

大川隆法　もう、危ないかもしれませんね。心労して死んでしまうかもしれない（笑）。

下村博文守護霊　安倍総理だって、今、沖縄選で心労してるんですよ。

大川隆法　小さいじゃない。どうでもいいではないですか、そんな小さい戦いで。

下村博文守護霊　いやいや、その小さい戦いが大きなことを決するんですよ。

大川隆法　ええ？　幸福の科学の応援など要《い》らないのでしょうから、大したことないではないですか。

下村博文守護霊　いやあ、そうですねえ。まあ、だから、うーん。

里村　本当に小さなことなんですよ。要するに、国が決断できなくて、地方になってくるんですね。

下村博文守護霊　いや、今、叩かれると困るんだ。「女性が輝く社会」とか言いながら、女性二人が消えたじゃないですか。

大川隆法　なるほど。

下村博文守護霊　次に来た人はパッとしない。ちょっと、それはよく分かんないです。いや、困るんですよ。私まで叩かれるんですよ。

マスコミは、幸福の科学大学建立《こんりゅう》に対して、そんなに否定的じゃない向きもあったんですよ。それは分かってます。しっかりね。審議会だって分かってましたよ。

ただ、その一方で上げといたら、また下げるっていう。その下げるのが私に来るじゃないですかねえ。与党を潰したい勢力はあるでしょ？　認可しちゃったら、私が叩かれるでしょう。

里村　でも、きちんとした正当な手続きであり、認可せざるをえないというのが当たり前の話ですので。

下村博文守護霊　そうですねえ。いやあ、そうですね。

今回の不認可は、官邸に対して忠実な判断だった

里村　要するに、今回のマスコミ発表などを見たときに、マスコミの顔をすごく気にされているんです。弱いんですよね。なぜ、もっと堂々と言えないのかと。

下村博文守護霊　うーん。

大川隆法　結局、「審議会が判断した」ということにして、審議会のせいにしています。審議会は〝覆面《ふくめん》〟をかぶっていて分かりませんし、幸福の科学が怒っても、「審議会の専門家の判断であって、私の判断ではない。だから、私は、今までと同じようなスタンスで、どうにでも付き合えるのです」という感じで残せたつもりでいるのかもしれません。

下村博文守護霊　いやあ、私は公正中立な政治家です。「信者だから通す」とか、そんな私情は挟《はさ》まない。そういうことです。

佐藤　だけど、「政局で結論を決める」ということですね？

下村博文守護霊　政局で結論を決める？　だから、審議会が決めたんだって（笑）。

佐藤　おそらく、「決めたことにした」ということでしょう。先ほどからおっしゃっていることは。

里村　今日のお話をお伺いすると、「公正中立」というよりも、「忠実な」政治判断です。

下村博文守護霊　うん。うまいこと言うね（会場笑）。

佐藤　そのとおりですか。

下村博文守護霊　いやいやいや、「公正中立かつ忠実だ」という。

里村　首相官邸に向かって忠実だと？

下村博文守護霊　やっぱり、今、一枚岩《いちまいいわ》にならないといけないときですからね。増税しないとね。国が危ないから。

本当は応援していたから、「私だって不本意」

里村　もっと国民のことを考えませんか。

下村博文守護霊　そうですね。国民のことを考えてるよ。

里村　あるいは、もっと日本の子供たちの未来のことを考えませんか？

下村博文守護霊　お分かりかどうか分かりませんが、現在、少子化なんですけどね。いろいろと認可しても、潰れていくんですよ。幸福の科学が、そんなかわいそうな……。

綾織　いえ、たくさんいるんですよ。「この大学に行きたい」という子供たちがたくさんいるんです。

里村　本来は、そういうもののなかで切磋琢磨《せっさたくま》などに対して、否定的ではないはずですよね。結果として倒れるところは出るかもしれませんが、トータルで……。

下村博文守護霊　いや、私だって不本意ですよ。本当は幸福の科学を応援してたんですよ。建つんだろうなあ、建つといいなあと思ってましたよ。

里村　では、建てればいいじゃないですか。

下村博文守護霊　いや、だから審議会が駄目《だめ》だと言ったものは……。

里村　いや、駄目だと言わなかったんです。あなたが「駄目でした」と言ったことが、今日の話の結論でございます。そして、それには、官邸筋からのいろいろなサジェスション（示唆《しさ》）があったということでよろしいですか。

下村博文守護霊　いや、いや、別に政治は文科省だけで動いてるわけじゃないんですよ。

里村　そういうことですね。

綾織　いろいろなトータルの判断ですね。

武田　では、このあたりでよろしいでしょうか。

里村　はい。分かりました。ありがとうございます。

あとがき

文部科学省の大学設置審議会が幸福の科学大学を「不認可」とした答申は、世界の「宗教と学問」の常識を真っ向から否定するものだった。

審議会は不認可の「理由」の中で、同大学が霊言によって教育を行うと決めつけたうえで、「霊言は科学的合理性が立証できていない」と切り捨てた。

しかしながら、世界の宗教はその出発点で、必ず霊言現象が伴う。

ユダヤ教の旧約聖書は、選ばれた預言者たちが受け取った神の言葉をまとめたもの。

キリスト教では、イエスが「自分が語るのでなく、父なる神が自分を通して語るべきことを命じた」と明確に述べた。

イスラム教にいたっては、ムハンマドの受けたアラーの言葉がコーランとしてまとめられた霊言宗教だ。

仏教では、釈尊による「神々との対話」「悪魔との対話」が遺っている。

幸福の科学の場合、こうした世界宗教の発祥時の〝神秘〟と同じものを公開の場で記録し、多くの人に見てもらうことによって、信仰の価値を伝えている。

審議会の答申は、こうした数千年の宗教の歴史をひとまとめにして、一刀両断してしまった。

同時に、キリスト教神学、仏教学、イスラム法学、そして思想・哲学、歴史学など多くの社会科学も「科学的に証明されていない」ので、今後、大学で教えることができなくなってしまう。

文部科学大臣として、大変勇気ある方だ。

科学的証明は、数学的計算や物理・化学の実験によるものばかりではない。「これ以外の説明はおかしい」という「合理的証明」というものもある。例えば、宇宙物理学のビッグバン理論は、「さまざまな観測結果から、否定するより、そう考えたほうが納得がいく」という証明方法にもとづいている。

今回、下村氏守護霊は六人のスピリチュアル・エキスパートに降霊し、その考えを語ったわけだが、守護霊の個性や主張するところは一貫していた。それは、過去に二冊出ている下村氏守護霊の霊言でも同じだった。

「あの世や霊が存在し、その考えるところを語っているのが霊言である」と考えたほうが納得がいくという証明を行ったのである。

そして、下村氏が言う「不正」があったのは幸福の科学大学側ではないことも明らかになった。不正を働いたのは、個人の感情と政治判断で、何千・何万の若者たちが熱望する新しい大学を潰し、宗教の教義に介入し、教祖の活動を妨害する下村氏の側である。
大学行政と宗教団体を所管する文部科学大臣として適格なのかどうか。それを本書で問うものである。

二〇一四年　十月三十一日

「ザ・リバティ」編集長《へんしゅうちょう》　綾織《あやおり》次郎《じろう》

『スピリチュアル・エキスパートによる

文部科学大臣の「大学設置審査」検証』（上）大川隆法著作関連書籍

『大学設置審議会インサイド・レポート』（幸福の科学出版刊）

『文部科学大臣・下村博文守護霊インタビュー』（同右）

『文部科学大臣・下村博文守護霊インタビュー②』（同右）

里村英一（さとむら・えいいち）
1960年生まれ、新潟県出身。在京のテレビ局宣伝部を経て、1991年、幸福の科学に奉職。月刊『ザ・リバティ』編集長、幸福の科学グループ広報局長などを経て、現在、幸福の科学専務理事（広報・マーケティング企画担当）。ネット番組「THE FACT」メインキャスターも務める。

綾織次郎（あやおり・じろう）
1968年生まれ、鹿児島県出身。一橋大学社会学部を卒業後、産経新聞社に入社。村山政権から森政権まで首相官邸や自民党、社会党（社民党）などを担当。各政権の中枢を取材し、歴史認識問題や外交問題などを幅広く追った。2001年1月に幸福の科学に奉職。月刊「ザ・リバティ」編集部で、主に政治、国際政治などの分野を担当。2010年から編集長。

スピリチュアル・エキスパートによる
文部科学大臣《もんぶかがくだいじん》の「大学設置審査《だいがくせっちしんさ》」検証《けんしょう》（上）

2014年11月1日　初版第1刷

編　者　里村英一《さとむらえいいち》・綾織次郎《あやおりじろう》

発行所　幸福の科学出版株式会社

〒107-0052 東京都港区赤坂2丁目10番14号
TEL(03)5573-7700
http://www.irhpress.co.jp/

印刷・製本　株式会社 東京研文社

ISBN978-4-86395-592-9 C0030

大川隆法霊言シリーズ・政治家の本音に迫る

文部科学大臣・下村博文 守護霊インタビュー

大事なのは、財務省の予算、マスコミのムード!? 現職文科大臣の守護霊が語る衝撃の本音とは? 崇教真光初代教え主・岡田光玉の霊言を同時収録。

1,400円

文部科学大臣・下村博文 守護霊インタビュー②

大学設置・学校法人審議会の是非を問う

「学問の自由」に基づく新大学の新設を、"密室政治" によって止めることは許されるのか? 文科大臣の守護霊に、あらためてその真意を問いただす。

1,400円

副総理・財務大臣 麻生太郎の守護霊インタビュー

安倍政権のキーマンが語る「国家経営論」

教育、防衛、消費増税、福祉、原発、STAP 細胞問題など、麻生太郎副総理・財務大臣の「国会やマスコミでは語れない本心」に迫る!

1,400円

※表示価格は本体価格(税別)です。

幸福の科学グループのご案内

宗教、教育、政治、出版などの活動を通じて、地球的ユートピアの実現を目指しています。

宗教法人　幸福の科学

一九八六年に立宗。一九九一年に宗教法人格を取得。信仰の対象は、地球系霊団の最高大霊、主エル・カンターレ。世界百カ国以上の国々に信者を持ち、全人類救済という尊い使命のもと、信者は、「愛」と「悟り」と「ユートピア建設」の教えの実践、伝道に励んでいます。

（二〇一四年十一月現在）

愛

幸福の科学の「愛」とは、与える愛です。これは、仏教の慈悲《じひ》や布施《ふせ》の精神と同じことです。信者は、仏法真理をお伝えすることを通して、多くの方に幸福な人生を送っていただくための活動に励んでいます。

悟り

「悟り」とは、自らが仏の子であることを知るということです。教学《きょうがく》や精神統一によって心を磨き、智慧《ちえ》を得て悩みを解決すると共に、天使・菩薩《ぼさつ》の境地を目指し、より多くの人を救える力を身につけていきます。

ユートピア建設

私たち人間は、地上に理想世界を建設するという尊い使命を持って生まれてきています。社会の悪を押しとどめ、善を推し進めるために、信者はさまざまな活動に積極的に参加しています。

国内外の世界で貧困や災害、心の病で苦しんでいる人々に対しては、現地メンバーや支援団体と連携して、物心両面にわたり、あらゆる手段で手を差し伸べています。

年間約３万人の自殺者を減らすため、全国各地で街頭キャンペーンを展開しています。

公式サイト **www.withyou-hs.net**

ヘレン・ケラーを理想として活動する、ハンディキャップを持つ方とボランティアの会です。視聴覚障害者、肢体不自由な方々に仏法真理を学んでいただくための、さまざまなサポートをしています。

公式サイト **www.helen-hs.net**

教育

学校法人 幸福の科学学園

学校法人 幸福の科学学園は、幸福の科学の教育理念のもとにつくられた教育機関です。人間にとって最も大切な宗教教育の導入を通じて精神性を高めながら、ユートピア建設に貢献する人材輩出を目指しています。

幸福の科学学園
中学校・高等学校（那須本校）
2010年4月開校・栃木県那須郡（男女共学・全寮制）
TEL **0287-75-7777**
公式サイト **happy-science.ac.jp**

関西中学校・高等学校（関西校）
2013年4月開校・滋賀県大津市（男女共学・寮及び通学）
TEL **077-573-7774**
公式サイト **kansai.happy-science.ac.jp**

幸福の科学大学
TEL **03-6277-7248**（幸福の科学 大学準備室）
公式サイト **university.happy-science.jp**

仏法真理塾「サクセスNo.1」 TEL **03-5750-0747**（東京本校）
小・中・高校生が、信仰教育を基礎にしながら、「勉強も『心の修行』」と考えて学んでいます。

不登校児支援スクール「ネバー・マインド」 TEL **03-5750-1741**
心の面からのアプローチを重視して、不登校の子供たちを支援しています。
また、障害児支援の**「ユー・アー・エンゼル！」**運動も行っています。

エンゼルプランV TEL **03-5750-0757**
幼少時からの心の教育を大切にして、信仰をベースにした幼児教育を行っています。

シニア・プラン21 TEL **03-6384-0778**
希望に満ちた生涯現役人生のために、年齢を問わず、多くの方が学んでいます。

NPO 活動支援

学校からのいじめ追放を目指し、さまざまな社会提言をしています。また、各地でのシンポジウムや学校への啓発ポスター掲示等に取り組む一般財団法人「いじめから子供を守ろうネットワーク」を支援しています。

公式サイト **mamoro.org**
相談窓口 **TEL.03-5719-2170**
ブログ **blog.mamoro.org**

政治

幸福実現党

内《ない》憂《ゆう》外《がい》患《かん》の国難に立ち向かうべく、二〇〇九年五月に幸福実現党を立党しました。創立者である大川隆法党総裁の精神的指導のもと、宗教だけでは解決できない問題に取り組み、幸福を具体化するための力になっています。

党員の機関紙
「幸福実現NEWS」

TEL 03-6441-0754
公式サイト hr-party.jp

出版メディア事業

幸福の科学出版

大川隆法総裁の仏法真理の書を中心に、ビジネス、自己啓発、小説など、さまざまなジャンルの書籍・雑誌を出版しています。他にも、映画事業、文学・学術発展のための振興事業、テレビ・ラジオ番組の提供など、幸福の科学文化を広げる事業を行っています。

アー・ユー・ハッピー？
are-you-happy.com

ザ・リバティ
the-liberty.com

幸福の科学出版
TEL 03-5573-7700
公式サイト irhpress.co.jp

THE FACT

ザ・ファクト
マスコミが報道しない
「事実」を世界に伝える
ネット・オピニオン番組

Youtubeにて
随時好評配信中！

ザ・ファクト 検索

入会のご案内

あなたも、幸福の科学に集い、ほんとうの幸福を見つけてみませんか？

幸福の科学では、大川隆法総裁が説く仏法真理をもとに、
「どうすれば幸福になれるのか、また、
他の人を幸福にできるのか」を学び、実践しています。

入会

大川隆法総裁の教えを信じ、学ぼうとする方なら、どなたでも入会できます。入会された方には、『入会版「正心法語」』が授与されます。（入会の奉納は1,000円目安です）

ネットでも**入会**
できます。詳しくは、
下記URLへ。
happy-science.jp/joinus

三帰《さんき》誓願《せいがん》

仏弟子としてさらに信仰を深めたい方は、仏・法・僧の三宝への帰依を誓う「三帰誓願式」を受けることができます。三帰誓願者には、『仏説・正心法語』『祈願文①』『祈願文②』『エル・カンターレへの祈り』が授与されます。

植福《しょくふく》の会

植福は、ユートピア建設のために、自分の富を差し出す尊い布施の行為です。布施の機会として、毎月1口1,000円からお申込みいただける、「植福の会」がございます。

「植福の会」に参加された方のうちご希望の方には、幸福の科学の小冊子（毎月1回）をお送りいたします。詳しくは、下記の電話番号までお問い合わせください。

月刊
「幸福の科学」

ザ・伝道

ヤング・ブッダ

ヘルメス・
エンゼルズ

INFORMATION	**幸福の科学サービスセンター** TEL. **03-5793-1727**（受付時間 火～金：10～20時／土・日：10～18時） 宗教法人 幸福の科学 公式サイト **happy-science.jp**